语文课上的
滋养与成长

小学语文阅读与习作教学探索

邱梦桦 一著

 吉林文史出版社

图书在版编目（CIP）数据

语文课上的滋养与成长：小学语文阅读与习作教学探索 / 邱梦桦著. — 长春：吉林文史出版社，2021.2
ISBN 978-7-5472-7642-6

Ⅰ.①语… Ⅱ.①邱… Ⅲ.①阅读课—教学研究—小学②作文课—教学研究—小学 Ⅳ.①G623.202

中国版本图书馆CIP数据核字（2021）第038665号

语文课上的滋养与成长：小学语文阅读与习作教学探索
YUWENKE SHANG DE ZIYANG YU CHENGZHANG：
XIAOXUE YUWEN YUEDU YU XIZUO JIAOXUE TANSUO

著　作　者：邱梦桦
责任编辑：程　明
封面设计：言之凿
出版发行：吉林文史出版社有限责任公司
电　　话：0431-81629369
地　　址：长春市福祉大路5788号
邮　　编：130117
网　　址：www.jlws.com.cn
印　　刷：北京政采印刷服务有限公司
开　　本：170mm×240mm　1/16
印　　张：18
字　　数：324千字
版印次：2022年4月第1版　2022年4月第1次印刷
书　　号：ISBN 978-7-5472-7642-6
定　　价：45.00元

目录

CONTENTS

第一章

追求磨砺洗礼，凝练教学的风格

第二章

聚焦教学设计，浸润语文的滋养

第三章

提炼教学研究，提升成长的高度

第四章

迈步走向远方，绽放智慧的芬芳

第一章

追求磨砺洗礼，
  凝练教学的风格

我的成长历程

在杭州学习时，听得最多的就是"桑蚕丝"这个词，游客皆感叹"桑蚕丝多贵啊！"是的，我们在感叹其珍贵的同时，是否想过多少个桑蚕茧才能织成一块布？有没有想过蚕宝宝为了吐丝结茧，它们一生要经历四次痛苦的蜕变？这是一种怎样的痛苦啊，几天不吃不喝，甚至孤独地在那里打滚。但痛苦之后，却是那无穷的欣喜与骄傲——人们爱它，它有属于它的价值。

回顾自己从教的二十一年，我深有感悟：如果说教师的职业是"春蚕到死丝方尽"，它留给后人的是美丽温暖的蚕丝的话，我在教育科研路上的成长不正像蚕的成长一样经历了一次次的蜕皮吗？尽管这个过程是漫长的、痛苦的，有失败的、有风险的，但在此过程中是我对未来的憧憬、期待和努力，使自己变得成熟与美丽。

一、姐妹竞技，追求高远

我一直都觉得自己很幸运，因为我有一个孪生的妹妹，是她的优秀一直鞭策着我，令我奋发。从小学到中专，她的成绩一直名列前茅，而我总比她少几分而屈居其后一两名，使我既骄傲又羞愧。我曾经"恳求"她："你就考差几分，让我厉害一次行不行，我的好妹妹？"可是倔强的妹妹总是说："为什么让呢？不是应该竞争的吗？我让你以后，你得到的名次是真的吗？"她的坚定使我打消了这个念头，我只有穷追不舍。于是我奋力向前，偶尔的成功超越，总使我高兴万分。印象最深的是，读师范二年级的时候，妹妹获得了"南粤优秀师范生"的称号，这是多么高尚的荣誉啊！老师、同学、亲戚都为她高兴，我也替她开心，但我对自己说："我不能落后啊，我怎么能这样当姐姐呢？"于是我奋力直追，前所未有地勤奋，那时我特别爱看散文，每天除了上课，就是泡在图书室看书，随手写下一些感悟，所幸的是居然在《广州青年报》发表了一篇散文《豆树、豆荚和豆粒》，这坚定了我对文字的热爱，也可能是我走上教语文这条路的原因。接下来，在我的努力下，16科成绩均在80分以上，我终于在师范三年级获得了"广州市优秀师范生"的称号，爸爸用我的800元奖金为我买了一辆漂亮的自行车，我多么高兴！

也许是因为这个荣誉，也许是因为有发表的记录，也许是因为幸运，分配时，我被分到了市区，而妹妹却回了我们的镇上教书。但妹妹没有气馁，她说："我们的学历只有中专，太低了，我们快点考大专吧！"于是，在她的鼓励与鞭策之下，我用五年的时间自学了大专与本科学历：1999年10月至2001年12月参加华南师范大学教育学大专学习并毕业；2002年1月至2005年6月，参加华南师范大学教育管理本科学习并毕业。我和妹妹同时毕业了。

直至今天，我仍然感谢我的妹妹，因为她的优秀，让我坚持追求至今，所以至今我仍然会鼓励我的学生学会追求优秀，不要嫉妒那些比自己优秀的人，要勇于向前。

二、敢于磨砺，且行且思

自担任教师的那一刻起，我就时刻提醒自己：宝剑锋从磨砺出，梅花香自苦寒来。恰逢新一轮基础教育课程改革，像一阵春风吹进教育大地，新理念、新观点、新行为、新方法、新结构、新模式，如同雨后春笋般涌现，一场崭新的教育革命摆在每一位教师面前，读书时敢于追求的勇气再一次激发了我的斗志。

（一）担任"口语交际实验班"语文老师

在2000年新课改中，面对"口语交际"这一新的板块，很多老师止步不前，我勇于挑战，主动担任"口语交际实验班"语文老师。在教学中，我根据我班学生都来自城乡接合部、知识面不广、方言较重等特点，对使用的教材做出相宜的"裁剪""修改"和"取舍"，从教"教材"转向用"教材"教，同时善于创造口语交际的情境，我和孩子们在玩中学习语言，课堂上常常欢声笑语。在教研室的指导下进行全市推广，为老师们上了课例《爱吃的水果》，受到了老师们的好评。三年的实践研究后，我摸索出一条教学"口语交际"的新路子，也促进了实验班学生口语交际能力的提高。同时我也明白了教学除了有追求以外，还要学会思考，选择最适合学生的学习方法才是最佳的。

（二）成为学校"诵读古诗文"课题研究的骨干教师

在2006年、2007年，学校成立了"诵读古诗文"这一课题，是当时最先诵读经典的学校。我担任了学校"诵读古诗文"这一课题研究的骨干教师，为了学习先进的教学理念，我先后到浙江义乌、广东广州等地参观学习，与课题组成员不断探讨，以激起自己思维的火花。我还积极承担古诗文的研讨课，在2006年11月从化市教研室在我校举行的"从化市古诗文诵读交流现场会"所讲的《两小儿辩日》受到了全国特级教师、教育专家许汉老师的好评。之后的研究中，我讲的古诗《赠汪伦》获得市教研室的好评；我讲的词《虞美人》获得全校老师的好评。我多次参与指导学校经典美文节目的排练，获得了市、区、学校的奖励，其中《励志少年》还在广州电视台展播。

图1-1　2007年9月，我（左3）与学生在开学典礼上展演诗词朗诵

图1-2　2010年11月，我校师生参加广州市第二届中小学生诵读中华经典美文表演大赛

为了让孩子们积累更多的古诗文，我们编写了《美文诵读》小册子，利用课前和午读诵读，根据不同的节日让学生收集各种主题的古诗文，制作成手抄报、阅读卡、绘本故事卡等，我们不断拓宽积累的途径，丰富展示的方式。多年来的古诗文积累让孩子们逐步体会到"腹有诗书气自华"的含义。在实践的过程中，尽管很累，但我受益匪浅，在从化市"青年教师阅读教学大赛"中，我执教的《古诗词三首》获一等奖，参加广州市第七届"诗润南国"儿童诗歌创作大赛《致三十年后的我》获广州市三等奖。

（三）参加"广州市小学语文教师素养大赛"

2013年初，我被学校推荐参加从化市"语文教师素养大赛"，那时的我着实吓了一跳，大赛分朗读展示、书写展示、才艺表演、课堂教学展示及知识素养现场答题五部分，所有项目的评审均现场打分，现场亮分。我怎么敢跟同行的高手一决高下？但领导的坚持和鼓励让我不得不应战，妹妹也鼓励我："姐，去吧，我帮你收集资料，我陪你练字，我当你课堂的学生。"说干就干，那段时间，我可是做了一番"恶补"，不补不知道，一补吓一跳：原来自己很"无知"和"无能"。上课之余，看文学书籍和教育书籍，朗读经典诗文，练钢笔字和粉笔字，练习讲故事……它们占据了我所有的时间。天道酬勤，在从化市的比赛中，我获得了第一名，又参加了广州市的比赛，那更是高手如云，我们的每一个环节，名师专家们都做点评，令我受益匪浅，感受良多。在比赛中，我获得了广州市的一等奖。但这不是最大的收获，我觉得这一次的经历让我更真切地思考了一个语文教师应该要有的素养——较高的朗读水平和书写水平、良好的操控课堂的能力、广泛的知识面。回忆着赛事的点点滴滴，仍那么真切，在深感差距中追寻自己的希望。回味着专家们真诚客观、一针见血的点评，在明确方向中坚定自己的信念——专业素养，好好修炼，丰富自我，厚积薄发。

三、深感匮乏，教学相长

（一）感悟与名师的差距

在工作中，我努力拓宽学习渠道，积极参加校内外的各种培训，走近学者学习理论，深入同行研讨交流，以他人之长补己之短，把学习当作工作的有机组成部分。2012年12月至今参加广州市基础教育新一轮"百千万人才培养工程"——"名教师"培养，先后到东莞花园小学跟随名师阮美好老师学习，到北京的府学小学、民族小学、北京中关村第二小学、北京教育学院等学校学习。我还注重观摩名师课例，如王崧舟、窦桂梅、戴建荣、支玉恒等，在与名师的一次次接触、学习中，教学理念得以更新，学会了思考，学会了改变，也促使自己能诊断自身教学，提高课堂效率，打造高效课堂。

图1-3 2013年4月，我（右4）到东莞花园小学跟岗学习

我的导师是东莞名教师阮美好，感受最深的是阮老师说她备课从不看教参，自己看教材，自己琢磨。太吓人了，居然能看得那么深，那么透，没有一定的文学功底和知识素养能行吗？这就是教学的功力吧。我自知现在的我是不行的，我只能多读文本，多一点儿自己的理解和触觉罢了，我只能跟着阮老师也试着走入文本。

我们走进名师的课堂，如李敏君的绘本教学《苏菲生气了》、廖军的作文指导课《写一个我敬佩的人》（习作修改）等，我们也聆听了专家的讲座，如吴忠豪教授关于作文教学的专题讲座、汤丰林教授《通向教师职业幸福之路》的讲座、李晶教授《关于教师教学能力要点的讨论》的讲座等。我在领略名师专家风采的同时，也深刻感受到了他们对学生、对教育深深的爱；感受到了他们身上所透露出来的无穷的知识力量；感受到了他们对学生身心发展以及教育了解之广、钻研之深。我为自己身边拥有这么多业务精、工作能力强、有远见卓识的同行而自豪。我深深地感悟到，在21世纪要做一名合格的老师，尤其是要做一名优秀的老师，这段路还很漫长。

（二）角色转换的彷徨

虽然在教学中不断地前进着，但我深知我的专业发展之路还很漫长，正当我想全力追赶之时,我的角色发生了巨大的转变——副校长,主管教学。从教师转变为教学引领者,我一度彷徨,角色的转变促使我从更高更广的视域考量自己的教育教学思想和行为。作为教育教学的引领者,应该具备哪些方面的专业素质和能力?应该发挥哪些方面的作用?怎样才能发挥应有的作用?诸多问题,再一次促使我深入思考。

我们学校是一所由7所农村小学撤并而成的联办学校,教师的年纪较大(教师平均年龄超过47岁),体弱多病的教师较多,教师的学历较低(有部分教师是民办教师转正的,有部分教师是企业职工转教的);学生都来自农村,行为习惯差,留守儿童较多,家长的教育意识较差;在2012年前,这所学校的教育教学质量都在从化的后几位。面对学校起点低、底子薄、压力大的状况,作为主抓教学的副校长,我从培训教师入手,以课堂操练为平台,借助北京师范大学专家团队和东风东路小学的力量,有效地促进了学校教育教学的发展,为学校精品团队的打造提供了很好的培训平台。全体教师工作认真,积极参加各种比赛,教师专业化发展再上新台阶。在教师论文、设计评比中获省级奖励、广州市级奖励、从化市级奖励人次逐年上升。

做教师的引领者任重而道远!如拓荒者一般,以自己的教学实验打开教师研究的闸门,以自己的研究提高教师学科教学的有效性,把教师引导到研究的幸福道路上来,让教学不再盲目,不再底气不足。

四、成立工作室,动力与压力并存

2018年7月,我接过了广州市教育局颁发的"广州市名教师工作室主持人"的牌匾,备感压力和动力,工作室该如何建设?如何引领成员研修?如何辐射成果?……工作室的成立不仅是一种动力,更是一种压力。

图1-4 "广州市名教师工作室主持人"牌匾

（1）组建工作室：工作室导师是广州市小学语文教研员林玉莹；工作室有9位成员，分别是城郊街东风小学刘慧玲，城郊街北星小学曾杜宇，雅居乐小学肖俊，鳌头镇车头小学何榕海，鳌头镇中心小学林榕梅，鳌头镇第二中心小学张伟琼，从化希贤小学的李艳芬、李清、殷伟清。

（2）设计工作室图标（如图1-5）：整体设计呈现为一个大圆，左上角有数个小圆，寓意着工作室的成员们聚集在一起，积少成多，聚沙成塔，融合出更大的力量和更多的智慧。

广州市 Teacher' sStudio
邱梦桦名教师工作室

图1-5　广州市邱梦桦名教师工作室图标

（3）工作室启动仪式：2019年1月3日上午9时，广州市邱梦桦名教师工作室启动仪式暨第一次集中研修活动在从化希贤小学举行。从化希贤小学的何佳老师带领大家进行的破冰活动拉开了本次活动的序幕。在轻松活泼的"动物园"游戏中，小高潮不断涌现，成员们瞬间打成一片。城西教育指导中心陈志辉主任宣读工作室主持人、成员及顾问名单。他给工作室的发展提出了切实可行的建议，还希望成员们能不忘初心，砥砺前行，为从化教育事业添砖加瓦。

随后，华南师范大学基础教育培训与研究院副院长黄道鸣博士、广州市从化区教育局党组成员钟汉文副局长、广州市小学语文教研员林玉莹老师、城西教育指导中心陈志辉主任与我共同为工作室揭牌（如图1-6）。

图1-6 华南师范大学基础教育培训与研究院副院长黄道鸣博士(右1)、广州市从化区教育局党组成员钟汉文副局长(右2)、广州市小学语文教研员林玉莹老师(左3)、城西教育指导中心陈志辉主任(左1)与我(左2)共同为工作室揭牌

图1-7 部分工作室成员与嘉宾合影

接下来是我从工作室现状、工作目标、工作理念、主要工作、具体措施和规划、成员分工六个方面介绍了工作室的三年行动计划,为工作室成员的发展指明了方向。

五、强化教师发展的"四度",引领教师专业发展

基于教师发展的理念,我通过强化教师发展的梯度、广度、深度、亮度,引领教师专业成长。

（一）构建发展理念，明确专业发展的梯度

教师发展的最大动力来自教师本身强烈的进取心和成功的愿望，教师自主发展才能保证教师真正发展和可持续发展。首先强调的是教师的自主意识，强调教师个体的主动参与和自主发展。因此，我在教师的发展上提出了教师发展的总体目标，同时在总体目标的引领下，设置了阶段发展目标，引导教师逐步成长。

1. 培养青年教师，走向成熟

青年教师承载着学校的未来，直接关系到学校的生存和未来发展。我通过关心帮助青年教师，促进青年教师逐渐成长，走向成熟。为了使青年教师快速成长，实施目标引领与跟踪管理相结合，分阶段落实发展目标，制定个人发展规划，确定个人努力的方向和发展措施；建立青年教师成长档案，记录青年教师成长过程，跟踪培养对象的发展情况。

2. 引领骨干教师，凝聚智慧

骨干教师具有丰富的教育教学经验，能够较熟练地驾驭课堂，是教师队伍的中坚力量。通过对骨干教师的引领，激发其内驱力推动和自我发展。专家引领，是骨干教师健康成长的方向保证。近年来，我多次邀请专家到校内开讲座，如北师大的武琼、王芳等来学校讲学，拓宽了教师的思维。我还带领骨干教师赴兄弟学校交流，如带领教师到广州市越秀区东风东路小学进行教学展示，到安徽芜湖小学进行同课异构等，在交流中，激起骨干教师的思维碰撞，从而改进教学，提升自我。

3. 打造品牌教师，形成风格

品牌教师直接影响学科和学校的教育教学发展趋势和走向，引领一大批教师不断地提升，其成长之路是一个"实践、反思、学习、再实践"的循环往复的过程。教师培训机构在打造品牌教师上，具有非凡的作用。通过在培训机构的深造，他们开阔了教育视野，提升了理论层次。通过专家指导、理论学习、课题研究、名师结对、考察学习、学术交流等方式，通过专项引领和个人自我发展的强化培养，使教师得以快速提高，成为具有较大影响力的名师，成为区域内的"名片"和"品牌"。工作室成员刘慧玲老师在2020年成为广州市"百千万人才培养工程"——"名教师"培养对象，工作室成员何榕海老师成为广州市中心组成员，工作室成员张伟琼老师成为广州市骨干教师，工作室成员李艳芬、李清、殷伟清老师成立了校级的"名教师工

作室"。

（二）创新校本研训，拓宽专业发展的广度

教师的岗位在学校，教师的专业成长根植于同伴和教学实践。因此，我以校本资源为基础，强调教师专业成长的合作共进性，为教师提供大量的相互交流、相互合作、共同进步的机会，使教师摆脱某种程度的封闭感与孤独感，感受集体的温暖和力量，实现个体的主动参与和自主发展，集体共进成长的目标。

1. 读书沙龙

秉着"活到老、读到老、学到老"的发展理念，以读书为契机，开设了"读书沙龙"，为教师的快速发展提供专业化成长平台。我鼓励教师阅读学科专业著作、教育专业著作、通识文化著作等，鼓励教师阅读与思考相结合。通过面对面的交流，教师在交流中研讨，在交流中进步，在交流中成长，在交流中碰撞，碰撞出了耀眼的智慧火花，引发了我们对教学模式、备课方法的初步探索和思考。在一次次的阅读沙龙活动中，教师自信从容、才思敏捷，对教育的理解更深刻。语文李老师说道："以前我总是依靠教参组织教学过程，从来没有好好读过文本教材。现在我发现对文本的把握，并不等同于一般的个体阅读行为，而是为教学解读文本，不仅是眼中有文本，更要心中有学生。这是《语文教师的文本解读》带给我的启发。"……教师们在一次次阅读中收获了教育教学的理念和技巧，在交流中收获了教学的智慧。

2. 主题研究

研究始于问题，因此要选择一个好的问题作为研究主题。开展教学研究的目的是认识和解决教学实践中的实际问题，引领教师进入研究的状态，通过研究和实践不断提高专业发展水平，如我校青年教师陈倩莹老师和支教老师叶少开老师紧紧围绕"贤文化"中的"促思会学"，为我们带来了以他们视野展开的新教材语文课。

3. 课堂操练

教师是课程改革成败的核心因素，而其又有一个从关注自身到关注教学、关注学生的演进过程。因此，按教师成长规律，课堂成为教师专业成长的主阵地。如为了促进语文何老师改进啰唆重复的语言，我组织科组老师听了她执教的《秋天的雨》这一课。第一次课后，向她提出了教学的建议和需

要改进的地方。何老师再次对自身的教学进行审视、修正，使自己的教学语言逐步简洁明了。

（三）融合教育科研，提升专业发展的深度

我鼓励教师充分发挥教科研的先导功能，以课题研究为载体，学科课堂教学为基地，将教师的专业成长与科研课题融为一体，积极开展教育教学科研课题研究，提升教师专业发展的深度。

1. 倡导反思性研究

美国心理学家波斯纳曾提出一个公式：教师的成长=经验+反思。在新课程标准实施背景下，教学内容、教学模式等都需要相应的变革，而变革的成功与否很大程度上取决于教师对其实践活动的反思质量。我们倡导教师对教育教学过程及时记录、及时反思，写下自己的收获与遗憾。主要有三种方式：悦成功之举；思"败笔"之处；汇教学之智。反思进一步激发教师学习的冲动，不断反思会不断地发现问题，并可在此基础上不断地改进、完善自我。

2. 激励小课题研究

教师在教学中会遇到各种教学问题，为了解决这些问题，进行相应的系列研究，也就形成了小课题的研究。这种小课题的研究具有"切入小、周期短、见效快"的特点，使教师自觉地在教学中进行研究，促进课堂效率的提高，提升教师的专业化发展。

如语文黄老师发现小学英语教学中小组合作的行为低效，她思考到底是什么原因阻挠了"小组合作学习"的有效发展和运用呢？于是开展了"爱种子"教学模式下小学低年段语文课堂实施小组合作的策略研究，她与科组着重研究教材、重组教材，开展各项有意义的小组活动，并及时对学生的学习情况进行分析，灵活调整小组合作学习策略。老师大大地减轻了教学压力，学生也学得轻松，学生的能力就在不知不觉中得到了提升，她所带班级的成绩在区内名列前茅。更重要的是，在研究的过程中，通过多次尝试，提高了教育教学能力。

3. 鼓励校本特色研究

教师除具有一定的专业知识、通识性知识外，有的教师还有爱好与特长。因此，我鼓励有特长的教师在发展专业的同时，尽量再发展一门与专业相关的爱好，并且发展到一定的高度，具有研究能力，从而走出自己的一条专业化特色成长之路。

（四）搭建展示平台，润泽专业发展的亮度

我为教师搭建展示自我的平台，在教师不断自我学习、自我提高的同时，促进其展示自我、交流学习和互助提高。我鼓励教师采用案例精选集、优课评选、能力竞赛、素养展示等形式，展示自身的教学方法、教学技巧、自身素养，也为其他教师提供了互相学习和交流的机会。

1. 案例精选集

组织开展教师案例评比活动可以激励教师不断探索与解决实践中的问题，使自己成为研究反思型的教师。案例评选有专题类的，有教育故事类的，还有案例分析类的，教师在评选过程中自下至上进行评选，每年汇编成学校的《案例精选集》。教师们再观看来自各个教师的不同案例，边看边讨论，边讨论边思考。我们欣喜地看到越来越多的一线教师立足于教学实际，从校本教研、特色工作、科研课题关注的热点和重点问题入手，结合自身教育教学实践活动进行分析、研究，并在教学实践中不断总结与完善。

2. 优课评选

我鼓励教师借"一师一优课、一课一名师"活动契机，把它作为推进信息技术与教育教学深度融合的重要工作，让教师充分展示。学校认真制定方案，按照"行政牵头、电教支持、科组指导"的原则，认真贯彻落实"一师一优课、一课一名师"活动项目。随着优课评选系列活动的深入开展，优质数字教育资源的开发与共享在我校得到进一步推进，教师专业素养稳步提升，成绩喜人，如工作室成员殷伟清老师的《慈母情深》荣获广州市优课，多人获得区级优课等，多项佳绩的获得对我校全体教师起到了激励作用，引领教师更加重视自身课堂教学，激发了进一步钻研教学、提高课堂教学质量的热情，推动教师更加努力提升学科专业素养。

3. 素养竞赛

作为新时代的教师，我常常勉励教师不仅要有坚实的基本功，也要博览群书、博采众长，为自己奠定雄厚的综合知识素养。我鼓励教师参加命题比赛、微课制作比赛、诵读展示、备课比赛等，不仅历练了青年教师队伍，快速提升了教师基本功素养，还拓展了他们对教师发展的内涵之路的理解，他们在明确方向中坚定自己的信念——提升专业素养，丰富自我，以达厚积薄发。

教师专业发展是一个不断深化的过程，既强调教师的自我追求，也注重管理者的引导和促进，我们要给教师构建发展的梯度、拓宽发展的广度、提

升发展的深度、润泽发展的亮度，促进教师的专业成长。

回想自己成长的过程，就是一个不断接受更高期待、更大信任、更多关爱的历程，是一个大手牵小手不断前进的过程。这大手中有各级领导的指引和提携之手，有许多专家温暖而有力的扶助之手，放心地牵着他们的手，努力地跟上他们的脚步，实现他们和我共同的愿望，我因此幸运地进入了快速成长的轨道。很多时候感动于他们的无私，很多时候惊叹于他们专业的精湛，很多时候叹服于他们对事业的执着与坚韧，我想，这些日积月累也已融入了我的个人品质，对照他们，无论人品还是专业素质，我还有很大的差距，但是这种无私的传承精神，会使我像他们一样，将这种精神继续传承下去。

我的教学主张

基于我对语文教学的思考和实践，我追求的教学风格是愉悦自然，灵动致远。我始终坚持在宽松的课堂氛围中师生真诚交流、自主探究，达到一种"行云流水"式的自然境界，促进学生的知识积累和身心成长。

一、在愉悦的探究与合作中实现自然的习得

罗杰斯说过："有利于创造活动的一般条件是心理的安全和心理的自由。"课堂是学生的，在一定程度上说，学生喜欢的课堂才可能是高效愉悦的。要使学生积极主动地探求知识，无拘无束地展开讨论，必须转变师生角色，建立平等和谐、民主友好的师生关系，为学生营造一个宽松愉快的学习环境，学生在愉悦中既能学到知识，又能培养能力，从而将合作探究落到实处。

在我的课堂上，我追求每一个学生的进步。每一位语文教师都应在课堂上努力创造条件，让学生在课堂上获得成功、尝到成功的喜悦，这样课堂气氛就活跃了。同时也承认了学生的进步，而且强化了学生的进步。在教学时，让学生在心理上感受到进步、感受到轻松。

"奖惩"结合，丰富语文学习生活。在我的语文课上，不仅课堂上充满欢声笑语，课后还有精彩的"作业"。我喜欢在教学时将学生分为四组或两组进行对擂，我将需要掌握的内容设计成一个个连贯的小问题提出，留给学生一定的思考、讨论的时间，然后根据学生的答题情况进行评分，教学任务完成后，得分多的小组即为胜出方。

而班级里的语文知识竞赛是经常的，竞赛时紧张、认真的气氛，思考时团结协助的精神，辩驳时精彩的语言、潇洒的举止，领先时的欢呼雀跃，落后时的心急如焚……组成了我们语文课堂上一幅幅美丽动人的画面。

二、在一课一得的课堂容量中实现自在的习得

关于课堂容量的安排，我永远信奉钱梦龙先生的"一课一得"理论。短短一节课只能识重点、解决某一个问题。要彻底抛弃贪多求全的做法，那种贪多求全的容量设置、高密度的知识灌输、以练代讲的做法都不能带来教学效率，只会给学生带来彷徨、无奈，直至厌倦语文课。

在《摔跤》一课中，我主要采用"分解过程，细化动作，进行表演，练习描写"的教学手段，学生兴趣倒也很浓。我在教学设计时，以学定教。我首先把描写他们摔跤的句子组合在一起，一是让学生自由读，圈出描写人物动作的词语；二是分角色（旁白、小嘎子、胖墩）抓住人物动作的词语演一演。课堂上，学生很快就找到了这些词语，我让学生演一演"虎势儿一站"（作者运用得很准确的一个词语）。学生从字面中的"虎"，看到了气势汹汹；从"蹦"字入手，进行思维想象训练，揣摩人物的心理，想到了其丰富的内心活动；从"蹦"字仿佛看到了一个充满自信、机智敏捷的小嘎子。本课教学还适时地进行了读写结合，在学完课文，感受完写作方法后，进行练笔，以学生熟悉的交作业的情形为蓝本，设置了如下作业："近了，更近了，组长终于来到他的身边，像一座泰山定在他面前，嚷道：'快交作业，快交作业！'他＿＿＿＿＿＿＿＿＿＿＿＿＿＿＿＿＿＿＿＿＿＿＿＿＿

＿＿＿＿＿＿＿＿＿＿＿＿＿＿＿＿＿＿＿＿＿＿＿＿＿＿＿＿＿＿＿

＿＿＿＿＿＿＿＿＿＿＿＿＿＿＿＿＿＿。"既激发了学生写作的热情，又训练了描写人物的各种方法，真正做到了阅读为写作服务。文本只是个例子，让学生学会写才是真道理。

三、在思维的灵动中实现习贤致远

课堂中的灵动在于孩子们的活动，从活动中看出孩子们思维的活跃，这就是我希望的课堂。在阅读中思考，在思考中阅读，阅读是思考的基础，思考是阅读的提升。教学既没有离开文本，但又能跳出文本。课堂的两条腿走路应选择好教学的重难点和切入点，让课堂始终有变化，但又能注重基础的积累和能力的培养，同时又能为学生继续学习提供方法和动力。

我主张用语文故事激活学生的思维，课堂上引入语文故事，不仅能够使学生有兴趣、愿意参与课堂活动，也更有利于学生理解、掌握语文知识，注

重语文生活积累。我主张用趣味活动展现学生的能力，在课堂上根据具体的学习内容和要求可以采取如调查访问、新闻发布会、做主持人、当小导游、当小记者、演课本剧、举行辩论会、资料展评会等，学生只有在实践中运用语言，才是关键。

他人眼中的我

一、名师眼中的我

广州"百千万名教师培养对象"来我们学校进行课堂教学的交流，我班是由邱梦桦老师执教《摔跤》，她立足于语文这一学科，从大处把握学科特点，以本课教材为载体，主要采用"分解过程，细化动作，进行表演，练习描写"的教学手段，既注重学法指导，引导学生圈画动词，揣摩动词的意思，又创设生活情境，引导学生模仿课文动作描写的方法，进行练笔。教师能对学生的即时练笔实施即时评价，根据运用动作描写的掌握程度，给予了"一面旗到三面旗"不等的评价，有一定的激励导向作用。这是一节指向表达的阅读课堂教学，始终以语言的学习为中心，以提高学生语文能力为主，凸显了语文的学科特点，为我们呈现了一堂扎实的、原生态的语文课，同时激发了学生课外阅读的兴趣。

——杭州娃哈哈小学　沈婷婷

邱老师素质非常好，亲和，从容淡定，充满童真童趣，和学生融为一体，课堂和谐民主，让人感觉很舒服。这节课教学目标非常明确，紧紧围绕"学习动作描写方法并尝试运用"这一目标组织教学，重点突出，从教学效果来看，学生掌握情况良好，真正实现了一课一得。邱老师根据小学生的生理和心理特点，设计了表演环节，不是为了玩乐，而是指向内容、指向理解的表演。学生根据课文描写，通过表演重现小嘎子和胖墩的摔跤情景，极大地激发了学生兴趣，他们认真研读课文，小组合作，有旁白、有演员、有导演，在实践活动中完成了语言文字的揣摩、理解和表达。

——广州旧部前小学　唐传红

二、教师眼中的我

作为一名老师，你独具慧眼，总能抽丝剥茧，找出重点知识，让你的授课更有针对性；授课时，语言是那么生动形象，富有幽默感，激发学生无限兴趣；课堂氛围是那么融洽，你总是能把授课内容和社会实际结合起来，授课内容通俗易懂，学生学习轻松，而且印象深刻。作为工作室主持人，你尽心、细心，认真规划，耐心指导学员，让我们得到进步。

——邱梦桦工作室成员、从化区鳌头镇中心小学　林榕梅

邱老师工作认真、细致负责，永远为学生着想。明明已经很优秀了，却还是不断地钻研业务，力求把每一节课上好，认真批改每一位学生的作业。在二十几年的教学生涯中，培养了一大批优秀的学生。在指导青年教师方面也是毫无保留地分享自己的经验，指出我们的问题所在，帮助我们在各级各类比赛中取得优异的成绩。

——从化希贤小学语文科组长　殷伟清

三、学生眼中的我

邱老师课堂氛围轻松活跃，且授课内容新颖、独到，有自己的特色，能很好地启发我们的创造性思维。在师生互动方面，我们都会情不自禁地参与到她的课堂当中，乐此不疲！

——从化区江埔街联星小学　欧阳韵楠

邱老师是一位和蔼可亲、尽职尽责的好老师。邱老师上课幽默风趣，常常设置一些有趣的小游戏将我们引入课堂。在学习中，当我们有问题时，邱老师总是耐心地给我们讲解；在生活中，邱老师总是无微不至地关心着我们。邱老师是我们的好老师，为此，我感到十分骄傲！

——从化希贤小学　邝钰盈

第二章

2

聚焦教学设计，
　　浸润语文的滋养

《地震中的父与子》教学设计

【教学分析】

《地震中的父与子》是人教版义务教育课程标准实验教科书语文五年级上册第六组的第一篇课文。课文讲述了有一年美国洛杉矶发生大地震时，一位父亲冒着危险，坚定信念，不顾劝阻，历尽艰辛，经过38小时的挖掘，终于从废墟中救出儿子和同学的传奇故事。文章通过人物外貌、语言、动作描写，刻画了人物的心理和品质，是一篇引导学生学习写作方法和感悟亲情之爱的好教材。但故事背景和学生的生活经历有一定距离，学生需借助资料和从媒体中积累的经验及文中词句，唤醒理解和认知，感悟这种伟大的父子之爱。

【学情分析】

五年级的学生已经学习过一些有关亲情的文章，也积淀了一定的阅读素养，具有较好的语言感悟能力和品读能力，对本单元的学习有了不错的基础。本节课需进一步引导学生通过有感情的朗读披文入情，通过重点词句品读悟法，学习课文抓住人物外貌、语言、动作特点进行描写，反映人物思想品质的表达方法，在言语实践中习得言语技能。

【设计理念】

《语文课程标准》明确指出语文教学的理念是全面提高学生的语文素养，正确把握语文教学的特点，积极倡导自主、合作、探究的语文学习方式。因此在教学中我设计了"以学为教"和"以教导学"的方法，既强调学生是学习和发展的主体，同时在教学中也充分体现了教师引导、组织、参与的作用。本节课要引导学生潜心钻研文本，充分感悟，在读中悟情，在想象中悟形，在回味中悟神。在听、说、读、写中落实语文工具性和人文性的统一。

【教学目标】

（1）认识8个生字，会写11个生字。正确读写理解"昔日、废墟、疾步、绝望、瓦砾、开辟、破烂不堪"等词语。积累文中关于人物外貌、语言、动作描写的佳句。

（2）有感情地朗读课文。体会"不论发生什么，我总会跟你在一起！"这句话给父子二人带来的巨大精神力量。

（3）从课文的具体描述中体会父与子的"了不起"，感受父亲对儿子的爱以及儿子从父亲身上汲取的力量。

（4）学习课文抓住人物外貌、语言、动作特点进行描写，反映人物思想品质的表达方法，并尝试运用。

【教学重点】

（1）理解课文内容，领悟作者抓住人物外貌、语言、动作特点进行描写，反映人物思想品质的表达方法。

（2）体会"不论发生什么，我总会跟你在一起！"这句话给父子二人带来的巨大精神力量。

【教学难点】

（1）领悟作者抓住人物外貌、语言、动作特点进行描写，反映人物思想品质的表达方法。

（2）引导学生从课文的具体描述中感受父爱的伟大力量——父亲对儿子深沉的爱。

【课前准备】

教学课件、让学生了解地震。

【教学课时】

2课时。

【课前互动】

（1）在我们的日常生活中，处处充溢着浓浓的父爱和母爱。母爱如太阳，热烈而温暖；父爱如海洋，深沉而含蓄。或许，我们并不在意他的存在。可是这种平凡的爱在我们生命遇到危险时却会创造出惊人的奇迹。请说说自己的父母。

（2）看看第六组的主题是什么？向我们提出了哪些阅读要求？

单元主题：父母的爱

阅读要求：①把握主要内容；②想一想作者是怎样通过外貌、语言、动作的描写表现父母之爱的。

【教学过程】

∽ 第一课时 ∽

（一）教学要点

（1）指导用课题扩展法和要素归纳法把握文章的主要内容。

（2）体会"不论发生什么，我总会跟你在一起！"这句话给父亲带来的巨大精神力量。

（3）领悟作者抓住人物外貌、语言、动作特点进行描写，反映人物思想品质的表达方法。

（二）教学过程

1. 直接导入，解读课题

（1）板书课题《地震中的父与子》，学生齐读课题。

（2）学生交流对课题的理解：从题目中你知道了什么？（是讲一对父子的故事，这个故事发生在地震中。）

（3）学生质疑，延伸课题内涵：读了课题你还想知道什么？（生自由提问）

2. 初读课文，梳理内容

（1）自由读课文，借助课题说说主要内容。

（2）学生汇报。（有一年，美国洛杉矶发生大地震，阿曼达的父亲在废墟上挖掘了38小时，终于救出儿子和他的13个同学的故事。）

出示词语认读：洛杉矶、阿曼达。

（3）交流：这是一对怎样的父与子。

请快速默读课文，找到文中的句子，用"＿＿＿"画出来，读给大家听。

（板书：了不起）理解"了不起"的意思。

"了不起"是什么意思？（了不得，很厉害，很强大。）今天我们谁都没用字典、词典就知道"了不起"大概是什么意思，这就是根据文章内容推想词语的意思。在平时的阅读中我们可以运用这种方法来推想词语的意思。

3.再读课文，走进了不起的父亲

作者选取了哪些镜头表现父亲的了不起？默读课文第2—12自然段，画出描写父亲动作、语言、外貌的词句，体会父亲的心理变化，在旁边写上批注。

预设1：其他父母与阿曼达父亲的行为表现。

（1）学生交流对这场地震的认识。

师：这是一场怎样的地震？

① 30万人在不到4分钟的时间里受到不同程度的伤害。

（30万人，4分钟，两个数字，告诉我们灾难就是这样突如其来、伤害巨大。）

② 那个昔日充满孩子们欢声笑语的漂亮的三层教学楼，已变成一片废墟。

（引读：昔日此地充满欢声笑语，如今已变成——一片废墟；昔日漂亮的三层教学楼，如今已变成——一片废墟……）

出示图片，理解词语"废墟"和"瓦砾"：你们看，地震过后，曾经繁华的洛杉矶遭受了巨大破坏，变得如此荒凉，这样的地方就叫——废墟。

废墟上到处是碎砖烂瓦等，就叫——瓦砾。

③ 小结：这是一场破坏力极强的大地震，灾区满目疮痍，危险丛生。

（2）从其他父母和阿曼达父亲的言行对比中感悟父亲对承诺的坚守。

面对灾难，一般的父母是怎样做的？

不断有孩子的父母急匆匆地赶来，痛哭并大喊："我的儿子！""我的女儿！"哭喊过后，便绝望地离开了。

师：为什么离开？因为教学楼已变成一片废墟，绝望了，还因为此地很危险。从他们"离开"的行为中，我们读出了"绝望"。面对灾难这是一种本能的反应，无可厚非。

（3）阿曼达的父亲又是怎么做的？

（板书：安顿、挖掘、救出）

（4）引导理解阿曼达的父亲这样做的原因。

师：为什么阿曼达的父亲不离开这危险丛生的地方，却要在废墟中苦苦地挖掘？

因为：他曾经对儿子说过："不论发生什么，我总会跟你在一起！"

师：这，是一个父亲对孩子的承诺。在这句承诺的支撑下，父亲做出了异于常人的举动。

预设2：父亲坚持挖掘很长的时间。

他挖了8小时，12小时，24小时，36小时，没人再来阻挡他。

（1）自由读句子，交流读懂了什么。（挖的时间长，父亲不顾别人的阻挡。）

问：父亲挖了多长时间？（36小时）

师：36小时是多长时间？（一天24个小时，刚好是一天半。）

（2）分角色朗读对话，体会父亲的坚定。（老师读旁白，三名学生分别当好心人、消防队长、警察，其他学生当父亲。）

师："没人再来阻挡他"，有没有人来劝阻过他？（有。）有哪些人？（一些好心人、消防队长、警察。）

有些人上来拉住这位父亲，说："太晚了，没有希望了。"这位父亲双眼直直地看着这些好心人，问道："谁愿意帮助我？"没人给他肯定的回答，他便埋头接着挖。

消防队长挡住他："太危险了，随时可能发生大爆炸，请你离开。"这位父亲问："你是不是来帮助我？"

警察走过来："你很难过，我能理解，可这样做，对你自己，对他人都有危险，马上回家吧。"

"你是不是来帮助我？"

人们摇头叹息着走开了，都认为这位父亲因为失去孩子过于悲痛，精神失常了。

然而这位父亲心中只有一个念头："儿子在等着我！"

（3）引导体会父亲的内心世界。

师：从他们的对话中你又读出了什么？（有很多人劝父亲，可他却挖个不停。）

师：父亲的内心发生了什么变化？（恳求—希望—崩溃）

师：尽管这么多人来劝他，但他的心中只有一个信念："不论发生什么，我总会跟你在一起！"

小练笔：在父亲挖掘的过程中，不断有人来劝阻他。面对众人的劝阻，父亲的心里又是怎样想的，请你选择其中一处来写一写。

好心人上来拉住他，说："太晚了，没有希望了。"

父亲心里想：＿＿＿＿＿＿＿＿＿＿＿＿＿＿＿＿

消防队长拉住他："太危险了，随时可能发生大爆炸，请你离开。"

父亲心里想：＿＿＿＿＿＿＿＿＿＿＿＿＿＿＿＿

警察走过来："你很难过，我能理解，可这样做，对你自己，对他人都有危险，马上回家吧。"

父亲心里想：＿＿＿＿＿＿＿＿＿＿＿＿＿＿＿＿

（4）总结并引读句子"不论……我总会……"。

师：在别人不理解父亲，认为他精神失常，并且都来阻止他时，支撑他独自一人奋不顾身挖掘下去的，就是这句话，读——

"不论发生什么，我总会跟你在一起！"

预设3：父亲挖掘得非常辛苦。

他满脸灰尘，双眼布满血丝，衣服破烂不堪，到处都是血迹。

（1）老师读句子，学生闭上眼睛，你眼前出现了一位什么样的父亲？

（2）学生描述。

38小时，两天一夜，2280分钟，或者说是五十多节课，父亲不眠不休，不吃不喝，满身都是灰尘，看不出五官。眼睛布满血丝，红得像火球；嘴唇干得裂开了一道道口子，渗出血来；废墟上尖利的破砖烂瓦、碎玻璃、钢筋水泥、石头等，撕碎他的衣服，刺破他的皮肤，他脸上、手上、脚上，伤痕累累，鲜血一滴一滴滴在废墟上。身体的伤累加上心里的焦急痛苦，令父亲憔悴不堪，仿佛一下子老了十岁。

（3）学生围绕句子质疑，体会外貌描写的好处。

师：你有什么想问的？（生问问题）请翻开课本P96，课后练习又是怎么问的？课文为什么要这样描写父亲的外貌呢？（学生交流）

小结：这句外貌描写既真实地再现了当时父亲的样子，又体现了父亲执着的信念和为救儿子所克服的巨大困难，非常形象。这就叫作"边读边想边提问"。

（4）小结并引读句子"不论……我总会……"。

师：这位可怜的父亲，左肩扛着肉体的伤痛，右肩扛着精神的压力，是什么力量支撑着他这样做？（是爱的力量，是他对儿子讲的一句话。）

师：当父亲看到漂亮的三层教学楼变成废墟悲痛欲绝的时候，支撑他的就是这句话。

师：当大家都劝他放弃的时候，回响在他耳边的还是这句话。

师：当他伤痕累累就要倒下时，给他力量的依然是这句话。

4.拓展延伸，阅读积累

（1）总结：一句掷地有声的承诺，谱写了一曲父爱的颂歌。天下父母千千万，爱子情深意绵绵。

（2）PPT出示句子，师生配乐齐读。

父兮生我，母兮鞠（jū）我。拊（fǔ）我畜（xù）我，长我育我，顾我复我，出入腹我。欲报之德。昊（hào）天罔（wǎng）极！　　——《诗经》

〔译文〕父亲母亲啊，生了我，养育我，抚摸我，爱护我，喂大我，教育我，照顾我，关怀我，出入抱着我。我要报答父母的恩德，父母的恩德比天还大。

慈母手中线，游子身上衣。临行密密缝，意恐迟迟归。谁言寸草心，报得三春晖。　　　　　——唐·孟郊《游子吟》

（3）设疑引出下节课的学习内容。

师：下节课就让我们走近阿曼达，看看这样一位了不起的父亲又有一位怎样了不起的儿子！

5.布置作业，对比阅读

（1）用今天"边读边想边提问"的方法预习"了不起的儿子"这一部分内容。

（2）阅读第19课《"精彩极了"和"糟糕透了"》，感受不一样的父爱。

（三）板书设计

17 地震中的父与子

了不起 ｛ 父亲 ｛ 安顿　挖掘　救出　　儿子

❧ 第二课时 ❧

（一）教学要点

（1）抓住儿子的语言描写体会儿子的了不起。

（2）理解"不论发生什么，我总会跟你在一起！"这句话给儿子带来的巨大精神力量。

（二）教学过程

（略）

（三）板书设计

17 地震中的父与子

了不起 ┤
　父亲 ┤ 安顿 / 挖掘 / 救出
　儿子 ┤ 告诉 / 先让

【教学反思】

一节课应该有一个灵魂的统领，这节课的灵魂就是父亲常对儿子说的一句话："无论发生什么，我总会跟你在一起！"自由读课文，借助课题说主要内容。指导学生运用四要素补充法把课题补充完整就是文章的主要内容了。品读描写阿曼达父亲动作、外貌描写的句子，我采用联系生活经验、创设情境想象等多种方式，引导学生将这段文字读懂、读活、读厚、读出情味。

《地震中的父与子》是人教版实验教材五年级语文上册第六组的第一篇讲读课文。本组课文重点是让学生抓住描写人物外貌、语言、动作的语句感受父母之爱的深沉与宽广。在教学中，训练的重点是引导学生在读中把握课文主要内容，体会作者是怎样通过人物外貌、语言、动作和心理描写来表现父亲情深的。本文是对父爱的歌颂，学生应该很容易理解，但要去体会文中感人的人格力量却是一个难点，在教学时力求通过情境创设，极力烘托情感，让学生在研讨、合作、反复吟诵中领悟文本的情感，努力做到"以读为本，关注人文"。

这节课我的设计思路是这样的：先是直接导入课题，接着"以图片加文字"的方式了解这是一场怎样的地震，认识地震带来的危险，从而为父与子的了不起的感悟做好铺垫，并随机进行随文学习生字，指导重点段落的朗读。

在对课文内容的学习上，我根据本组的教学目标结合本课教学目标，只设计了一个中心问题：默读课文，画出描写父亲了不起的语句，让学生抓住"了不起的父亲"品读。如"他挖了8小时，12小时，24小时，36小时，没人再来阻挡他""他满脸灰尘，双眼布满血丝，衣服破烂不堪，到处都是血迹""不论发生什么，我总会跟你在一起！"等描写父亲语言、行动、外貌的句子，通过分角色朗读、想象画面、联系生活体验、角色体验等方式，让学生感受到父爱的伟大力量。学完本篇课文后，又出示了同一主题、写法特点相同的文段《最后短信"妈妈爱你"》《灾难中的亲情》，让学生通过延伸阅读，感受到"抓住人物外貌、语言、动作特点描写人物"的好处，并习得这种方法。

这节课后，我认真地进行了反思，认为本节课设计较好的地方是：能根据海量阅读"删繁就简"的要求，只抓住一个中心问题理解课文，并且能拓展同主题文章，丰富学生的阅读积累。教学目标明确，教学流程清晰。

综观整节课目标的达成，我还是满意的，张慧平老师也给予了肯定，说我的课堂是真诚的课堂：与学生们真诚沟通，也换来学生们真诚的眼神、真诚的交流、课后不舍的追寻。但思量再三，我又觉得我的课堂是否可以与学生再提升一下，让学生跳一跳摘到"果子"呢？我课堂呈现的方式是否可以更自主些呢？因此，我有了以下的想法：

第一，对文本的解读不要只停留在理解内容的层面——去感受父爱，体会如何写出父爱的深沉伟大。因为这个故事学生是可以读懂的，学生不懂的是什么？是为什么作者能够将故事写得如此感人。这就是五年级学生应该习得的文章表达方法的重要的地方，所谓用教材教也应该是这个道理吧。学生就是不懂得如何在记事类作文中制造情节，让事件生动感人。因此，我们可以把发现的主动权交给学生：如果让你写《地震中的父与子》，你会写多少字？可是作者却写了这么长，他在写法上打动你的是什么？学生在交流时就可以抓住以下几方面去谈：一是将别的家长的放弃与父亲的坚持挖掘进行对比。二是将其他的孩子与阿曼达进行对比。三是点明文章中心的三次出现的句子："不论发生什么，我总会跟你在一起！"四是文章开头的大悲——以为啥都没有了，到最后的大喜——阿曼达和13个孩子都平安救出来了，完美的童话式的结尾是让读者满意的，令人回味的……相信，这样一节课下来，学生得到的就会是文本情节的构建。

第二，我们还要从文本中跳出来，有些教师只关注了父与子之间的爱与信任，就会给人一种错觉——这不是我们生活中的父亲，我们生活中的父亲没有这么伟大，他只不过做着最不起眼的事。如何将危难中的大爱与生活中的小爱连接起来？我们可以引领学生质疑："不论发生什么，我总会跟你在一起！"这句话仅仅是父子的口头约定吗？以此想象父亲与阿曼达生活的小事：登山时遇到困难了，阿曼达的父亲如何鼓励他、牵着他？学骑自行车摔倒时，阿曼达的父亲如何扶起他、激励他？……所以，无数小事的沉淀才会有笃定的信任，所以当阿曼达听到挖掘的声音时，他马上问："爸爸，是你吗？"阿曼达的脑海里首先跳出来的是父亲，不是救急救难的警察、消防员，只是爸爸！其实，学生想象的阿曼达与父亲发生的生活小事，就是学生们本身的生活，阿曼达的父亲也许就是学生的父亲，阿曼达父亲对儿子的爱就是学生没有细细品味的父爱。这样处理，就可以带动学生去回忆、审视自己身边的父爱。

课虽结束了，但思考仍在延续，希望自己以后能在文本的解读上走得更深一些，课堂上引领学生走得更远一些。

《女娲补天》教学设计

【设计理念】

神话故事是我国宝贵的民间文艺瑰宝，让学生爱读、会讲，设法让学生浸润到这种民间文化的氛围中去，从中感悟、熏陶，直至喜爱是我们教学的出发点。在教学中，我注意让"读"深入课堂，落在实处。我的基本教法就是从感受到领悟，再到积累，最后到运用。我设计的基本学法是：以读为基本手段，促进理解、促进感悟，习得语感。读是学习语言最基本的方法，在课堂上要给足时间和空间，让学生去读，把作者的思想感情读出来，把自己的思想感情读进去。这一出一进，就是学生学习语言的途径，就是学生发展语言的方法，就是学生积累语言的手段。

【教学目标】

（1）会认5个生字，会写13个生字。能联系语境和上下文理解"轰隆隆、塌下"等词语。

（2）通过品读、想象，感受神话故事的神奇，能创造性地复述故事，传达出女娲为了拯救人类不怕危险、不怕困难、甘于奉献的精神。

（3）发现第1自然段采用总分结构将情境写具体、写生动的方法，并尝试迁移运用。

【教学重点】

了解女娲为拯救人类，冒着生命危险、克服重重困难把天补好的过程。

【教学难点】

在阅读中体会女娲的勇敢精神和乐于助人的高贵品德，感受我国古代劳动人民的丰富想象力。

【教学准备】

（1）多媒体课件。

（2）学生练笔纸。

【教学课时】

2课时。

【教学过程】

∽ 第一课时 ∽

（一）教学内容

（1）认读本课的生字词，指导书写"塌"。

（2）学习课文第一自然段。

（二）教学重难点

（1）抓住"远远、黑黑"等叠词和想象画面的方法，体会天塌地裂的可怕，为体会女娲为了拯救人类不怕危险、不怕困难、甘于奉献的精神做铺垫。

（2）感悟文章采用总分结构将情境写具体、写生动的方法，并尝试迁移运用。

（三）教学过程

1. 揭题导入，渲染神奇

（1）揭题导入。（板书"女娲"）你对女娲有哪些了解？（再写"补天"）。生活中，你见过补什么东西？你见过补天吗？

（2）揭题，板书。

（3）根据课题猜测课文主要内容，并质疑。

师：读了课题，你知道课文谁干了什么事吗？你想知道什么？（为什么？怎么补？结果怎样？）

2. 初读正音，理清脉络

（1）出示要求，学生自由读课文。

师：让我们带着这些问题来读课文，注意读准字音，读通句子。

（2）出示词语：

师：听同学们读书真是一种享受，由此看出同学们预习得很充分。这些词语你会读吗？

　　lōng　tā　　lù　　rán shāo xióng　　　　zhēng　　xī

轰隆隆　塌下　露出　燃烧　熊熊大火　围困　挣扎　熄灭

pēn quē　　　　yě liàn　　　　pén

喷火　缺少　寻找　冶炼　液体　大盆　金光四射　云霞

自由读—指名读—齐读。

点拨："隆"是多音字，有"lōng"和"lóng"两个读音，这里读"lōng"。

（3）检测容易读错的词语。

师：这几个词语去掉拼音，你还会读吗？

轰隆隆　塌下　挣扎　燃烧　冶炼

"冶"与我们学过的哪个字很相似？（冶—治）它们有什么区别？

（4）理清文章脉络，尝试把主要内容说具体。

①　请同学们快速浏览课文，能不能用简单的话说说女娲为什么补天？怎样补天？补天的结果怎样？

②　指名说。

③　你们能围绕这三点把课文的主要内容说具体吗？

（出示填空）课文主要讲了女娲为了_____，_____补天的故事。

（课文主要讲的是古时候女娲为了拯救处于水深火热中的人们，冒着生命危险补天的故事。）

3. 围绕"可怕"，读出情、讲出味

（1）抓住关键词，读出"可怕"的情味。

（出示：远远的天空塌下一大块，露出一个黑黑的大窟窿。地被震裂了，出现了一道道深沟。山冈上燃烧着熊熊大火，田野里到处是洪水。许多人被火围困在山顶上，许多人在水里挣扎。）

①　自由读。

②　指名读，说感受。

③ 随文识字，指导书写"塌"，理解"塌下"的意思。

师：要把这个字写好，你有什么好提议啊？

跟老师一起把这个"塌"字写好。

④ 学生在田字格里书写，评价。

⑤ 指导联系上下文理解"塌下"。

师：还记得"塌"在课文中组成什么词吗？一起说！

"塌"：A.倒，下陷。B.下垂。C.安定，镇定。

远远的天空塌下一大块。（　　　）

李晓东终于塌下心来工作了。（　　　）

（2）想象说话：天没有塌下来之前人们欢声笑语的生活。

追问：天没有塌下来之前人们的生活是怎样的？（板书：欢声笑语）从欢声笑语中你仿佛看到了什么？（指名多人说）

（3）多种形式的朗读，体会叠词的表达作用。

① 自由读句子，用"○"画出感受深刻的词语。

师：可是，现在呢？请你再读这段话，哪些字眼最刺痛你的心？

② 指名汇报。

③ 男女生对比读，发现叠词的表达作用。

师：你们找的词语都很好，老师找了这几个，请看——（老师小声读）这样的词我们叫"叠词"。

出示（关键词变红色）：

远远的天空塌下一大块，露出一个黑黑的大窟窿。

地被震裂了，出现了一道道深沟。

山冈上燃烧着熊熊大火，田野里到处是洪水。

④ 男女生对比读。

远处的天空塌下一大块，露出一个黑色的大窟窿。地被震裂了，出现了一道深沟。山冈上燃烧着大火，田野里到处是洪水。许多人被火围困在山顶上，许多人在水里挣扎。

师：老师把叠词加上，请女同学读。预备——齐。

有什么体会吗？好，请你说。（随机读句子）

（生动、具体，天空显得更远，大窟窿显得更黑，深沟显得更多，大火烧得更旺，一切都更可怕。）

（4）教师小结，齐读句子。

（5）想象画面，感悟"可怕"的意象。

（出示：山冈上燃烧着熊熊大火，田野里到处是洪水。许多人被火围困在山顶上，许多人在水里挣扎。）

①过渡：天塌下来了，熊熊的大火燃烧着，你的脑海里出现了什么？（图片：火）

预设1：

生：我仿佛看到火更大了。

师：你仿佛看到了什么？听到了什么？

生：我听到了火的声音。（人们呢？）被火围困着。（板书：围困）看围困的方框，能逃脱吗？热吗？痛吗？

生：我听到了人们的呼救声。（他们在呼救什么？）读出你的急切心情吧——

师：不仅是熊熊的大火威胁着人们的生命，可怕的洪水也来了，你又仿佛看到了什么？听到了什么？你来说。

预设2：

生：我仿佛看到了人们很难逃出这里。

生：人们被火围住了。（是被什么火围住了？）熊熊大火。（他们在喊些什么？）他们在喊救命。

师：但是，这时的人们是叫天天不应，叫地地不灵啊。——他们在不断地举起手想摆脱危险，这就是——挣扎（板书）。读句子。

师：他们只剩一口气啊，在这滔天的洪水中，能支撑得起吗？（不能。）他们真是心急如焚啊！你读——

②指导朗读：天哪，太可怕了！

女娲看到这一幕，震惊了！你读。

（出示：天哪，太可怕了！）

（指名多人读）

③教师小结，引读句子。

师：读着这句话，我们仿佛听见了深陷灾难之中的人们的绝望呼喊！让我们把这可怕的情景读出来吧——

师：天哪，太可怕了！（出示：远远的天空塌下一大块，露出一个黑黑的大窟窿）（描红"天空"）生齐读。

师：天哪，太可怕了！（出示：地被震裂了，出现了一道道深沟）（描红"地"）生齐读。

师：天哪，太可怕了！（出示：山冈上……许多人在水里挣扎）（描红"山冈、田野"）生齐读。

4. 指导写法，尝试运用

（1）请大家仔细观察一下，作者围绕"可怕"，从天、地、山冈、田野四个方面来进行描述，让我们产生了如临其境、如闻其声、如见其人的感觉。这是一种很值得学习的写作思路。

（2）在现实生活中，我们也会遭遇突如其来的自然现象或风波，让我们措手不及。让我们也运用这样的表达方式，写写我们的生活体验吧——自选一个话题说。

出示：

我来挑战（选择一题写一写）。

天哪，太可怕了！台风骤然来临，房屋_____，大树_____，溪流_____。

天哪，太热啦！大人们_____，小孩子们_____，小狗_____，蜻蜓_____。

天哪，太_____了！_____

（美丽、热闹、精彩……）

（3）练习写作。

（4）评改。

5. 设疑结课，布置作业

师：是呀！谁来救救这些人啊！谁有能力来救救这些生命垂危的人啊！谁？（指名多人说）女娲是怎么拯救这些人的，她又是怎么补天的？她会遇到什么样的困难呢？女娲补天的故事感动了一代代人，我们下一节课再来深入感受神话的神奇魅力吧！

作业：

（1）继续挑战写话，写完后读给同学听，并请他（她）改一改。

（2）背诵喜欢的句子，并把它摘录下来。

（四）板书设计

31 女娲补天

欢声笑语

太可怕了　　　　围困

（水深火热）

挣扎

～ 第二课时 ～

（一）教学内容

学习课文第2-5自然段。

（二）教学重难点

（1）继续用抓住关键词和想象画面的方法理解句子，感受神话故事的神奇，积累生动的语句。

（2）创造性地复述故事，传达出女娲为了拯救人类不怕危险、不怕困难、甘于奉献的精神。

（三）教学过程

（略）

【教学反思】

两天的副校长语文展示课结束了，每节课的呈现，都体现了执教者对语文教学本质准确的把握。每节课风格各异，异彩纷呈。教研室举办这项活动，目的在于以副校长来引领教学，从学校管理者的角度出发，精准地把握教学点，高效地落实教学点，摒弃课堂低效教学。这既是对执教的副校长的检验与促进，也是对评课的正校长的考验，更是对广大教师的引领和提高。因此，我紧紧抓住这次教研的良机，着力反思自身的不足，促进教学水平的提高。

（一）科组磨课，四易其稿

为上好这节汇报课，我认真地钻研教材，解读文本，广泛查阅资料，精心设计教学环节，反复推敲每一个步骤甚至是每一句话，根据学生认知特点精心制作多媒体课件，虚心向东莞的特级教师阮美好副校长请教，不厌其烦地修改教案。

　　我修改完两次教案以后，召集了三年级的语文老师和李艳芬主任、李清和吴兰清科长进行议课和模拟课堂，修改或调整了部分设计，使教学设计趋于完善。

（二）课堂实操，检验实效

　　为了检验教学设计的合理性与实效性，在第十周的星期一上午第三节，我在三（1）班进行了试教，陈校长、教导主任、两位科组长及三年级语文老师参与了听课，针对教学中存在的问题，老师们各抒己见，调整了部分教学环节，如"塌"的写字提前了，删去无效的"《女娲补天》的古文拓展阅读"等。在试教中，我更加体会到教师应该如何引导学生阅读文本、领悟文本和实现写法迁移三者的融合与提升。

　　活动结束了，但它留给我的思考却是久远的。我将以这次活动为契机，进一步加强对教学点的确定与训练点的落实，推动语文课堂教学向高效发展。

《飞向蓝天的恐龙》课后练笔微课教学设计

【教学内容】

仿照《飞向蓝天的恐龙》的第4自然段中对恐龙家族形态各异的写法写一段话。

【教学重点】

能运用对比、列举和先概括后具体的构段方法写一段话。

【教学过程】

（一）导入语

今天，我们一起来仿照《飞向蓝天的恐龙》第4自然段中对恐龙家族形态各异的写法，写一段话。

（二）读中发现

师：时光在流逝，生物在进化，这可爱的第一种恐龙繁衍成一个形态各异的庞大家族。课文是这样描写的：

师读（数千万年后，它的后代繁衍成一个形态各异的庞大家族。有些恐龙像它们的祖先一样用两足奔跑，有些恐龙则用四足行走。有些恐龙身长几十米，重达数十吨；有些恐龙则身材小巧，体重不足几千克。有些恐龙凶猛异常，是茹毛饮血的食肉动物；有些恐龙则温顺可爱，以植物为食。）

师：这段话主要介绍了形态各异的恐龙。"形态各异"是什么意思？它是指很多事物形状、姿态、形式不尽相同，各有特色。这段话中的"形态各异"指的是恐龙的样子、大小、性情等各有特色。

课文中讲了哪几种形态的恐龙？对，第一种是用两足奔跑的恐龙；第二种是用四足行走的恐龙；第三种恐龙身长几十米，重达数十吨；第四种恐龙身材小巧，体重不足几千克；第五种恐龙凶猛异常，是茹毛饮血的食肉动物；第六种恐龙则温顺可爱，以植物为食。

师：这段话中，用什么词语将恐龙的六种形态连接起来写呢？

师：聪明的你很快就发现了作者用了6个"有些"就把恐龙形态各异的特点写具体了。这就是作者表达的巧妙之处。

师：关注标点你又有什么发现？对，作者为了说明恐龙的形态各异，列举了三个方面。首先写恐龙的行走方式；其次写恐龙的身长体重；最后写恐龙的性情。

师：作者就是这样先概括恐龙形态各异，然后具体从行走方式、身长体重、性情三方面列举说明。这就是先概括后具体的写法。

师：再读读每个分句描写的恐龙有什么不同？四足行走和两足奔跑是相对的，身长几十米和身材小巧也是相对的，重达数十吨和不足几千克是相对的，凶猛异常和温顺可爱也是相对的。

师：每两个分句的内容是相对的，作者用一个"则"形成了对比。

师：这可爱的恐龙后代真是形态各异的庞大家族！为了让我们清楚地了解恐龙的家族，作者分别从恐龙的行走方式、身长体重、性情等方面进行了分类介绍。每一类说明正反相对。这样分门别类、正反相对的介绍条理特别分明。

（三）初试身手

师：像这样先概括描述后具体从不同的方面列举说明，每个方面又用两个相对的内容去描述的构段方法，你会写吗？老师相信你一定写得很好！

花的大小　　　　　花的姿态　　　　　花的颜色

图2-1　公园里的花儿课件PPT

师：我们平常看到的花儿大小不一、姿态各异、颜色不同，怎样才能把花儿的多种形态写具体写生动呢？让我们先画一个思维导图（如图2-2、图2-3、图2-4、图2-5、图2-6、图2-7）：

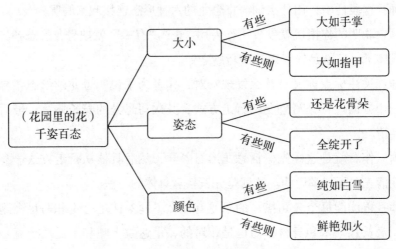

图2-2　思维导图课件PPT（1）

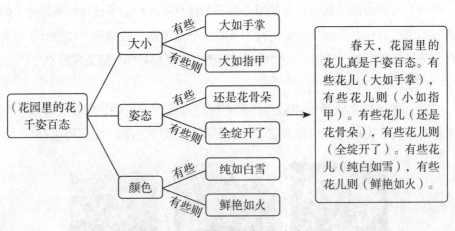

图2-3　思维导图课件PPT（2）

将思维导图转换成语言就可以这样写：春天，花园里的花儿真是千姿百态。有些花儿大如手掌，有些花儿则小如指甲。有些花儿还是花骨朵，有些花儿则全绽开了。有些花儿纯白如雪，有些花儿则鲜艳如火。

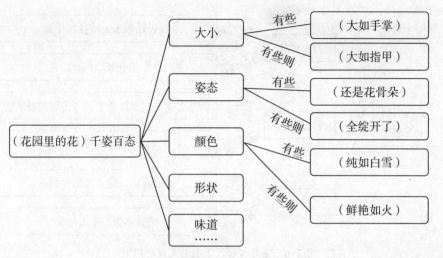

图2-4 思维导图课件PPT（3）

师：当然，花儿的千姿百态除了可以从花儿的大小、姿态、颜色去描写，还可以从花儿的形状、香味等方面去描写。

图2-5 运用方法尝试课件PPT

师：同样，描写形态各异的石头、风筝、水果、小鸟……也可以借鉴课文的方法，使描写条理清晰。

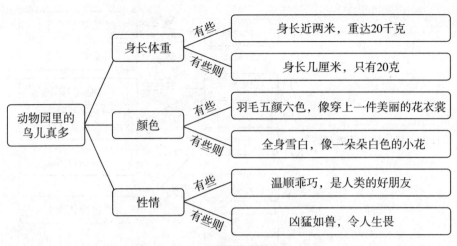

图2-6 描写动物园里的鸟儿课件PPT

比如，写动物园里的鸟儿真多，我们可以从它的身长体重去描写：有些鸟儿身长两米，重达20千克，有些鸟儿则身长几厘米，只有20克重；还可以从鸟儿的颜色去描写：有些鸟儿五颜六色，像穿上一件美丽的花衣裳，有些鸟儿则全身雪白，像一朵朵白色的小花；还可以从性情上去描写：有些鸟儿温顺乖巧，是人类的好朋友，有些鸟儿则凶猛如兽，令人生畏。

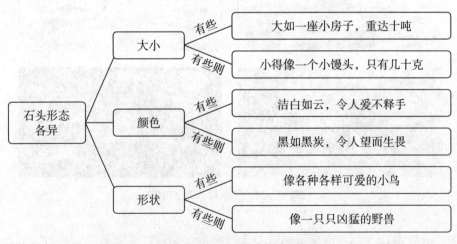

图2-7 描写形态各异的石头课件PPT

师：同样，写石头的形态各异，可以从石头的大小、颜色和形状等方面去描写。

（四）总结概述（如图2-8）

先概括描述后具体从不同的方面列举说明，每个方面又用两个相对的内容去描述的构段方法。

图2-8　总结概述课件PPT

师：通过抓住事物的特点，从不同的角度、不同的方面去写，花儿、鸟儿、石头在我们的笔下变得丰富有趣了！你学会了吗？谢谢观看。

《一个特点鲜明的人》习作评改教学设计

【教学目标】

（1）通过习作讲评，强化运用人物外貌、语言、动作等细节描写方法，突出人物鲜明特点的写法。

（2）通过推敲语言使习作语言更加精练、规范和真实。

（3）通过自主平台，促进学生习作自我修改能力的提升。

【教学重点】

以片段讲评为突破口，强化运用人物外貌、语言、动作等细节描写方法，突出人物鲜明特点的写法。

【教学难点】

结合文段赏析与师生评价，修改自己的习作，力求突出人物特点。

【教学过程】

（一）创设情境，激发热情

（1）播放图片，激发学生回忆。

（出示相关人物的图片）

（2）创设情境，激发学生参与的兴趣。

（PPT录音介绍：在我们身边，有许多令我们印象深刻的人。他们有的无私奉献，有的乐于助人；他们有的痴迷看书，有的是跳绳达人；他们有的斤斤计较，有的落落大方……你想让自己笔下的人登上领奖台吗？2018年希贤人的专属舞台"我笔下的人物年度评选"欢迎你的参与。）

（3）出示修改要求。

认真修改自己的习作，突出这个人的鲜明特点，尽量用上传神的动作、神态描写和独特的语言描写等写人的方法。

（二）指导拟好题目——一"名"惊人

（1）出示题目，学生齐读。

①《我的表弟余浩献》

②《爱哭的表妹》

③《一个印象深刻的人》

④《舞痴妈妈》

⑤《我的妈妈》

⑥《他，令我敬佩》

⑦《极品吃货》

⑧《爸爸是个手机控》

⑨《西瓜刨》

⑩《"凶"华姨》

⑪《我的"蜗牛"同桌》

⑫《一位好心的姐姐》

……

（2）学生交流自己最感兴趣的题目。

（3）出示优秀的题目和作者，语文科代表报题目，全体学生大声喊作者的名字。

师：刚才你们感兴趣的文章到底是谁写的呢？请语文科代表读文章的题目，请大家大声喊出作者的名字。

《舞痴妈妈》　　　　　（李文迪）

《极品吃货》　　　　　（吴庆东）

《爸爸是个手机控》　　（李梓健）

《"凶"华姨》　　　　　（张　蕊）

《我的"蜗牛"同桌》　（陈冠翔）

《西瓜刨》　　　　　　（何子俊）

《运动达人——小恒》　（游昌富）

（4）教师小结：拟好题目——一"名"惊人。

（5）出示一些题目，让学生"小试牛刀"改一改。指名说。

《我的表弟》：主要讲表弟很野蛮、任性。

《爱唱歌的小丽》：主要讲小丽很爱唱歌，在哪儿都要唱一唱。

《小男孩》：主要讲小男孩在公交车上让座的事。

（三）指导刻活人物——一"刻"成名

（1）出示PPT，指出"撞题"。

（2）出示《极品吃货》片段，领会抓住人物的动作、神态写生动。

① 出示片段，作者读黑色的字，其他学生读红色的字。

上次，我们班开大食会的时候，小俊带了很多食物，有凉拌黄瓜，有鸡翅，有油炸馄饨，有鱼蛋……小俊又耍小聪明了！你看，他把自己带的美食藏在抽屉里，用一本厚厚的书盖着。

……

大食会即将结束，小俊偷偷地走回座位，把藏起来的鸡翅拿出来，美美地欣赏了一小会儿，然后就吃起来了。他吃得多快啊！居然两口就吃完了一个。小恒在座位上东张西望，正好看见小俊在吃鸡翅，就跑过去说："**给我吃一点吧。**"小俊说："**不给！不给！我还没吃饱呢。**"小恒可不甘心，眼疾手快地抢小俊的鸡翅。小俊急忙伸出左手把装鸡翅的盒子一抱，立马用舌头使劲地舔每一块鸡翅。我惊呆了，心想：小俊真恶心，为了吃，什么都做得出来，真是一个极品吃货。"**你还吃不吃？如果你吃了我舔过的鸡翅，你就要听我的话哦。**"

小恒无奈地走开了。小俊满意地吃着，毫无顾虑地吃着……

② 学生交流体会。

③ 教师小结：这个吃货的鲜明特点在于他做人所不做的事，作者用了传神的动作、神态描写将他的特点刻画出来。（板书：让主人公放开手脚做自己的事——传神的动作、神态描写）

④ 还有很多作文中也有这些传神的动作、神态描写。

（3）出示《贪吃虫妹妹》，领会抓住人物的语言写生动。

① 出示片段，师生合作读。

我记得有一次，我和妈妈去快餐店带回来一些薯条。妹妹像一阵风似的跑过来说："给我几根薯条吃嘛。"我给了她五根薯条。吃完薯条后，她舔舔嘴，又说："我的好哥哥，你是世界上最好的哥哥，就再给我几根薯条嘛。"我大喊一声："不给了。""哼，我说给妈妈听。"她说完就跑去妈妈那里。我心想：我怎么有一个这么贪吃的妹妹啊！她对妈妈说："妈妈，哥哥不给我薯条吃。"妈妈说："你再去问哥哥要吧。"她立马跑回来，说："我的帅哥哥，你是世界上最帅的哥哥，我求求你再给我吃一点嘛。"……

②学生交流体会。

③同桌两人互相读一读自己认为能够突出人物特点的语言。

（4）小结：传神的动作、神态，独特的语言都是对人物的正面描写。（板书：正面刻画）除了正面描写还有什么描写？

（5）指导侧面描写烘托人物。

①出示片段，学生自读。

小俊急忙伸出左手把装鸡翅的盒子一抱，立马用舌头使劲地舔每一块鸡翅。我惊呆了，心想：小俊真恶心，为了吃，什么都做得出来，真是一个极品吃货。

小恒无奈地走开了。小俊满意地吃着，毫无顾虑地吃着……

②学生交流：这些片段中哪些是侧面描写？有什么好处？

③教师小结：让主人公形象更鲜明——侧面烘托。

④我们班还有同学的作文中也有侧面烘托的描写，请看……

（6）小结方法。

（7）出示病文，学生提出修改意见。

①《我班的捣蛋鬼》（余锦杰）片段：

学生自读。

最可恶的是课间，他常常和其他男生追追跑跑，打打闹闹，弄得课室的桌椅乱糟糟的，教室的门常常"砰砰"作响。这样一来，在教室的同学就很烦，有同学去告诉他不要乱玩，但同学们越说，他就越来劲儿。是在展示自己打架的水平吗？我们真是纳闷。

②学生交流修改意见。

师点拨。

③小结，出示PPT。

（四）回归自己的习作，改一改——精雕细刻

（1）回顾写法。

（2）生学习修改自己的习作。师巡视，做个别辅导。（学生自改时间为5分钟）

（3）晒晒"我笔下的人物"修改片段。（学生汇报自己修改的情况，师生评价。）

（4）小组内修改得最好的一个学生汇报。

（5）布置作业。

师：这样写，《一个特点鲜明的人》，才会给人留下真正深刻的印象。请大家下课后按照这样的修改方法，好好地修改自己的作文。希望你们的作文都能入选"我笔下的人物年度评选"。下课！

（五）板书设计

《一个特点鲜明的人》习作修改

拟好题目——一"名"惊人：

扣内容　画面强　具个性

刻活人物——一"刻"成名：

让主人公放开手脚做自己的事——传神的动作、神态

正面刻画

让主人公张开嘴巴说自己的话——独特的语言

侧面烘托

【教学反思】

生活中并不缺少美，而是缺少发现美的眼睛。实践于生活，可以愉悦我们的身心；实践于教学，可以指导学生的习作。用欣赏的眼光去看学生的作文，你就会发现学生妙语连珠："盒子里装的糖果，抓一把就往嘴巴里塞""她的脚底就像安了两个弹簧，快速地跳起、落下，又跳起又落下，轻盈得就像一只机灵的小鹿"，这些精彩都被我捕捉到了。看于永正老师、管建刚老师的学生的作文往往都不满足于100分，甚至都要远远高于100分，分数又不要钱，何必吝惜自己笔下的分数呢？教师要拿着放大镜去寻找学生值得表扬的地方，大方地给分数，分数是激励，是表扬，更是前进的动力。

在欣赏的同时要指导学生写作的方法，课堂上张老师教给学生写作的方法：一是拟好题目——一"名"惊人：扣内容，画面强，具个性。二是刻活人物——一"刻"成名：让主人公放开手脚做自己的事——抓住人物的动

作、神态写生动；让主人公张开嘴巴说自己的话——将人物的语言写生动。有了明确的方法指导，学生便有章可循；有了自我诊断书，学生修改时就有了参考。

在评改中，我主要运用"习作赏评课"的教学概念，我觉得在小学阶段，这种提法是合适的，原因有二：首先，小学是儿童学习写作的起始阶段，激发儿童的写作兴趣尤其重要，而"赏评"就是一种很好的激励方式；其次，对于儿童的言语，身处成人世界的教师最好的姿态就是亲近与赞赏，让儿童的语言在自己的世界里"多飞一会儿"，柔软地走向"规范表达"。"赏评"的核心是"赏中有导"——"师生真诚欣赏，发现习作亮点，提炼写作方法，在'欣赏'的过程中，孩子们明白了习作方法。"

最后，在学生自改和听取别人的修改意见的过程中，学生取长补短，促进相互了解和合作，共同提高写作水平，让他们在修改中再一次巩固了修改的方法，乐于修改，善于修改，还达成了"愿意与他人分享习作的快乐"的目标。从展示的结果看，学生能从别人的作文中学到长处，并且能够虚心接受同学提出的意见，对自己的文章又做了适当的修改。在一次又一次的修改中，学生的修改能力不断地提升，文章也修改得越来越具体、生动，突出了这个特点鲜明的人的人物形象。

整节课运用"激—帮—扶—放"的教学策略，实现了《学科学业质量评价标准》指导的"激发兴趣、提升能力、重视过程"等年段建议，它让我看到了教学最本真的东西——学生和目标。将年段目标、教学目标与学生学习的状态融合，是我们每一位语文老师的追求。老师们，让我们从"苦于批改"中挣脱出来，转向"乐于指导"的新理念，为学生架起一座"乐于修改""懂得修改"的桥梁，让他们在快乐、轻松的课堂氛围中学会自主修改习作。

习作《我的乐园》教学设计

【教学分析】

《我的乐园》是统编小学语文四年级下册的第一单元习作。本单元以"乡村生活"为主题向孩子们展示了纯朴的乡村生活，一道独特的风景，一幅和谐的画卷。本单元的语文要素有两个：一是抓住关键语句，初步体会课文表达的思想感情；二是写喜爱的某个地方，表达出自己的感受。其中"写喜爱的某个地方，表达出自己的感受"是关于习作的语文要素。本单元的习作主题是"我的乐园"，要求学生能以自己的日常生活为依据，写一写自己在某个地方的快乐生活，并与他人分享其中的乐趣。

本次习作编排的内容分为三个部分：第一部分提示本次习作的内容。教材以一句"这些地方都是我们的乐园"点明了本次习作的主题，然后用图示的方法，启发学生打开习作的思路。教材提供的习作内容很丰富：有私人区域——满是玩具的房间，有公共区域——学校的篮球场和班级图书角；有大自然里的河边草地，也有自家的院子和爷爷的菜地，从多个角度唤醒学生对生活的回忆。

第二部分提出本次习作的要求。教材连用三个问句，启发学生思考习作表达的重点：乐园的样子、自己在乐园中最常进行的活动、自己在这个乐园中的感受。其中，"这个乐园"的"这个"一词，提示了学生选择乐园要聚焦，要集中在一个地点展开回忆。然后，教材用列表格的方法，引导学生将自己的思考填在表格中，以便起草习作时，能将自己的所思所感表达清楚。

第三部分是习作后的交流。教材鼓励学生将习作跟同学分享交流，要让他人感受到自己的快乐。这个要求提示学生在习作时，学习运用本单元课文用关键语句表达情感的方法，将自己的快乐融入习作，清楚地表达出来。

本次习作实际上是紧承单元课文教学而来的，目的是让学生在生活中学会观察，学会分享自己乐在其中的感受。

【学情分析】

四年级第二学期的学生在写作上已经有了三个学期的习作经历，有一定的基础，多数学生对写作有浓厚的兴趣，能在规定时间内完成习作。但是毕竟年龄小，生活阅历浅薄，阅读面和知识面较为狭窄，能写出佳篇的高手不是很多，还有个别学生在写作方面存在不会写的问题。因此我认为着眼点应放在"抓好起步，打牢基础"上，以片段写作为重点，不拔高，不降低，按照每次习作课的具体要求，让学生敢于表达、乐于表达，充分享受运用书面语表达见闻、抒发情感的快乐。

【设计理念】

《语文课程标准》明确指出：写作教学应贴近学生实际，让学生易于动笔，乐于表达，应引导学生关注现实，热爱生活，表达真情实感。四年级习作要求仍定位在"写清楚"，不要求"写具体"。教师在习作教学中要让学生体会到，习作是为了与人交流，要清楚表达自己的意思，让别人能看明白。所以结合本次习作的要求，就是教材连用三个问句，启发学生思考习作表达的重点：乐园的样子、自己在乐园中最常进行的活动、自己在这个乐园中的感受。要求学生能留意自己的日常生活，写一写自己在某个地方的快乐生活，并与他人分享其中的快乐。

习作评改课中，运用"激—帮—扶—放"的教学策略，实现了《学科学业质量评价标准》指导的"激发兴趣、提升能力、重视过程"等年段建议，将年段目标、教学目标与学生学习的状态相融合，让教师从"苦于批改"中挣脱出来，转向"乐于指导"的新理念，为学生架起一座"乐于修改""懂得修改"的桥梁，让他们在快乐、轻松的课堂氛围中学会自主修改习作。

【教学目标】

（1）学生能回忆自己的生活乐园，借助表格提示，写清楚乐园的样子和在乐园中的活动，表达自己快乐的感受。

（2）学生能根据要求与同学交流习作，分享习作表达的快乐。

【教学重点】

（1）回顾品读本单元所学课文，从中学习"按一定的顺序写"和"用关键语句表达情感"的习作方法。

（2）学生能将自己的乐园按一定的顺序写出来，突出乐园的特点，写出自己的感受。

【教学难点】

学生能按一定的顺序写清楚自己的乐园，并写出自己"乐"的感受。

【教学策略】

（1）通过思维导图，明确怎样选择材料，说清楚"我"的乐园的样子，"我"最爱在那儿干什么，以及表现了"我"怎样的快乐。

（2）将"我"的乐园介绍给大家，并回忆"我"在乐园里最爱干的趣事，列出提纲。

（3）能根据提纲书写习作并尝试修改。

【教学课时】

2课时。

【课前互动】

（1）学生围绕"生活的乐趣"记录自己生活中的日常活动与见闻。

（2）把自己的乐园用相机拍下来，用画笔画下来。

∽ 第一课时 ∽

（一）教学要点

（1）导图引路，明确写作内容和写作要求。

（2）列好写作提纲，进行写作。

（二）教学过程

1. 谈话导入，引出主题

导语：我们学了第一单元的课文，课文的作者都投身于大自然的怀抱，有的到乡村去，欣赏到一幅幅美丽的图画；有的是在自己的屋里，透过小小天窗想象了外面世界的多彩……

（1）出示习作主题：我的乐园（板书）

（2）读题，解题：同学们知道什么是"乐园"吗？"乐园"就是快乐的地方。"我的乐园"就是带给"我"快乐的地方。

（设计意图：本单元的人文主题是"乡村生活"，习作主题是"我的乐园"，要求学生能联系自己的日常生活，写一写自己在某个地方的快乐生活。因此从回顾本单元的课文来引出习作主题，为学生打开习作思路做好铺垫。）

2. 导图导学，寻找乐园

（1）欣赏动物朋友的乐园，引发灵感。（出示动物乐园图片）

师：看，动物们在自己的乐园里，生活得多么快乐呀！我们的生活更是充满了欢乐，你的乐园在哪里呢？

（2）依据教材提示，打开思路，引导学生寻找自己的乐园。

① 出示教材中的这段话：湖畔、林间、广场、校园……处处留下了我们欢快的笑声。这些地方都是我们的乐园。

② 每个人的生活环境不同，爱好不同，能给自己带来快乐的地方也就不同。再看看教材告诉我们还有哪些地方是我们的乐园？（出示导图，如图2-9、图2-10）

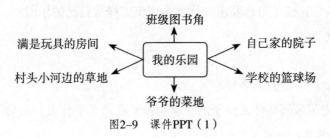

图2-9　课件PPT（1）

③ 生交流，说"乐园"。

预设：

生1：乐园可以在学校，可以在家里，可以在乡下，也可以在城市里。

生2：学校除了班级图书角、篮球场是我的乐园外，教室的走廊、操场也是我的乐园。

……

④ 出示导图，发散思维。

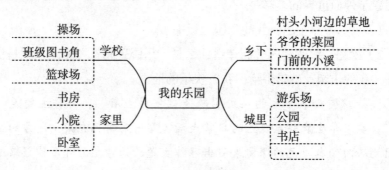

图2-10　课件PPT（2）

（设计意图：教材以"这些地方都是我们的乐园"点明了本次习作的主题，然后用图示的方法，启发学生打开习作思路。本环节就是紧扣教材提供的习作内容，帮助学生打开思路，从多个角度唤醒学生对生活的回忆。）

3. 明确要求，习得方法

过渡语：乐园找到了，那怎么把你的乐园介绍给同学们呢？

（1）明确习作要求，理清习作思路

引导学生阅读教材中的习作要求：你的乐园是什么样子的？你最喜欢在那儿干什么？这个乐园给你带来了怎样的快乐？（板书：样子、干什么、感受）

① 师引导：读了习作要求，你认为应该怎样写自己的乐园？

② 生交流。

预设：

生1：要按一定的顺序写。

生2：先写乐园是什么样子的，再写最爱在那儿干什么，最后写乐园带给自己怎样的快乐。

（2）仿照范例，填写表格。

过渡语：本次的习作重点是贵在于乐，是通过描写自己的活动表达自己的快乐之情。现在我们借助教材中的表格理清习作思路。

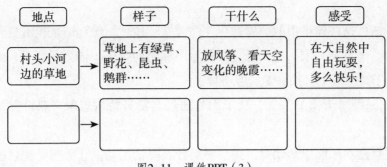

图2-11 课件PPT（3）

① 指导学生抓住关键语句照样子填写表格，表达自己的所想所感。

② 教师以"班级图书角"为例进行指导：如果你的乐园是班级图书角，你可以先介绍图书角的样子：书架、标语、书籍等；然后介绍自己在图书角进入书的海洋，认识很多"朋友"，懂得很多道理；最后告诉大家在图书角的活动给你带来了怎样的快乐和收获。

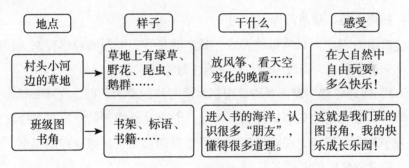

图2-12 课件PPT（4）

（3）回顾本单元的课文，习得写作方法。

过渡语：同学们，怎样写才能让人体会到这是自己最喜欢的乐园，而不是一个普通的地方呢？怎样介绍自己的乐园的样子呢？

① 回顾《乡下人家》这篇课文的写作顺序，指名朗读《乡下人家》，注意一些重点语句，看看从中能发现什么。

预设：学生从语段中挑选出这些语句：

句1：乡下人家总爱在屋前搭一瓜架。

句2：有些人家，还在门前的场地上种几株花。

句3：还有些人家，在屋后种几十枝竹，绿的叶，青的竿，投下一片浓浓的绿荫。

小结：这些句子中的"屋前""门前""屋后"等词语是表示空间顺序的词语。《乡下人家》就是通过空间顺序和时间顺序，描写了乡下人家的位置和样子。（板书：按一定的顺序写）

② 回顾《天窗》一文，孩子们是通过丰富奇特的想象来获得慰藉和快乐的。

写自己在乐园里活动时，想一想写什么样的活动能让人感受到自己的快乐呢？如《天窗》一文，孩子们无法自由活动，就重点写孩子们自己想象的画面来表达快乐。（板书：展开丰富的想象）

（设计意图：让学生自己去发现教材连用三个问句表达的重点：乐园的样子、自己在乐园中最常进行的活动、自己在这个乐园中的感受。引导学生借助教材用列表格的例子，将自己的思考填在表格中，以便起草习作时，能将自己的所思所感表达清楚。帮助学生回顾本单元课文的写作方法，知道要按照一定的顺序把乐园写清楚。）

4. 布局谋篇，动笔习作

过渡语：刚才大家填写的表格，其实就是我们要写的习作提纲。仔细观察提纲，谁来说说，这次习作我们应该注意些什么？

（1）明确思路，理清条理。根据本次习作的要求，可以这样安排习作内容：第一，要介绍的乐园是什么？第二，它是什么样子的？第三，你在乐园里最爱干什么？第四，乐园给你带来了怎样的快乐？按照这样的提纲，很快就把一篇文章给梳理出来了。

（2）以"班级图书角"为例，帮助学生明确每部分的写作内容（如图2-13）。

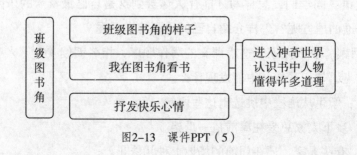

图2-13　课件PPT（5）

（3）动笔习作。

① 师引导：同学们还犹豫什么呢，赶快拿起笔，将你们刚才交流的内容写下来吧，注意要把乐园的特点写具体哦！

② 学生习作。

（设计意图：有了写作提纲，学生写作文就好像有了个拐杖，心里有了底。用导图拟定写作提纲，清晰明了，这能让学生把理论运用于写作实践之中，从而提高学生的写作能力。）

5. 回顾要求，归纳总结

同学们，这节课我们借助表格、导图等方式一起学习了怎样把乐园介绍给同学，知道了在习作中要把"乐园的样子""自己在乐园中的活动""乐园给自己的快乐"这三个内容写清楚。习作完成后，记得要跟同学分享交流，要让其他人也感受到你的快乐。

（设计意图：结课前与学生一起重温习作要求，让学生知道要紧扣习作要求进行写作，并提出与他人分享的要求。让学生能在生活中学会观察，学会分享自己乐在其中的感受。）

∽ 第二课时 ∽

（一）教学要点

（1）能根据要求和同学欣赏与交流习作，强化写清楚乐园的样子和在乐园中的活动，表达自己快乐感受的能力。

（2）借助同伴的修改意见，修改自己的习作。

（3）誊写习作。

（二）教学过程

1. 回顾要求，指导评价

（1）师生回顾习作要求。

内容：乐园的样子　　在干什么　　带来怎样的快乐

窍门：按一定的顺序写清楚　　运用修辞手法写生动

（2）自主朗读，回顾快乐。

朗读要求：①语句是否通顺流畅；②是否按一定的顺序写清楚自己的乐园；③朗读时有没有感受到快乐。

（3）出示评价表格，明确评价标准（见表2-1、表2-2）。

表2-1 课堂评价表

评价标准	字数达标，标点正确（10分）	按一定的顺序描写乐园的样子（20分）	有关于乐园里的活动描写（20分）	可以体会到乐园带给作者的快乐（30分）	语言生动，运用了修辞手法（20分）	修改前总分
修改前得分						
修改建议						修改后总分
修改后加分						

（4）教师出示范文《班级图书角》，指导评分。

表2-2 "班级图书角"课堂评价表

评价标准	字数达标，标点正确（10分）	按一定的顺序描写乐园的样子（20分）	有关于乐园里的活动描写（20分）	可以体会到乐园带给作者的快乐（30分）	语言生动，运用了修辞手法（20分）	修改前总分
修改前得分	10	10	20	30	20	90
修改建议	在第二段对于图书角样子的描写中，应按照一定顺序进行详细描述。					修改后总分
修改后加分						

（5）结合例文片段，指导修改建议。

如：加上图书角和书籍的方位词。

（设计意图：教师通过出示评价表格，引导学生回顾习作内容，明确各项习作内容的分值，学生的评价便有章可循，就能对本次习作进行诊断。教师出示范文《班级图书角》，指导学生评分，给学生很好的导向作用，给学生一个评价的范例。）

2. 同桌交流，互相评改

师引导："文章不厌百回改。"好文章是改出来的，读了上面的文章，我们有这么多的收获，下面也请同学们对照着表格评价要求，同桌相互修改习作吧。

（1）同桌按照评价要求互相评价。

同桌两人一组，按照评价标准，给同桌的作文打分。

（2）教师随堂检查，帮助指导。

（设计意图：学生相互评价习作的过程也是培养学生乐于与他人分享习作习惯的过程，学生在评价同桌习作的过程中，欣赏精彩片段，思考不足的语句，这是一个自我提升的过程。）

3. 分享佳作，欣赏评价

（1）指导学生欣赏评议习作片段一

① 出示学生习作片段（如图2–14、图2–15），指名朗读。

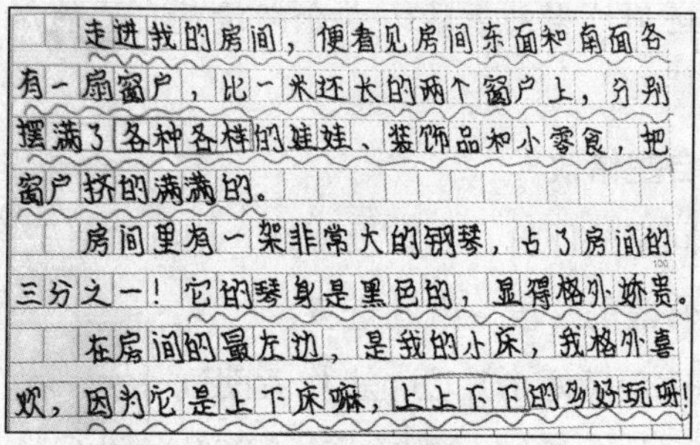
走进我的房间，便看见房间东面和南面各有一扇窗户，比一米还长的两个窗户上，分别摆满了各种各样的娃娃、装饰品和小零食，把窗户挤的满满的。

房间里有一架非常大的钢琴，占了房间的三分之一！它的琴身是黑色的，显得格外娇贵。

在房间的最左边，是我的小床，我格外喜欢，因为它是上下床嘛，上上下下的多好玩呀！

图2–14　学生习作课件PPT（1）

② 学生评议：这个片段好在哪里？

③ 学生交流按一定顺序写清楚的其他片段。

④ 教师指导修改：你有什么修改建议？

⑤ 教师小结：按一定顺序写清楚。

（2）指导学生欣赏评议习作片段二

① 出示学生习作片段，学生自读。

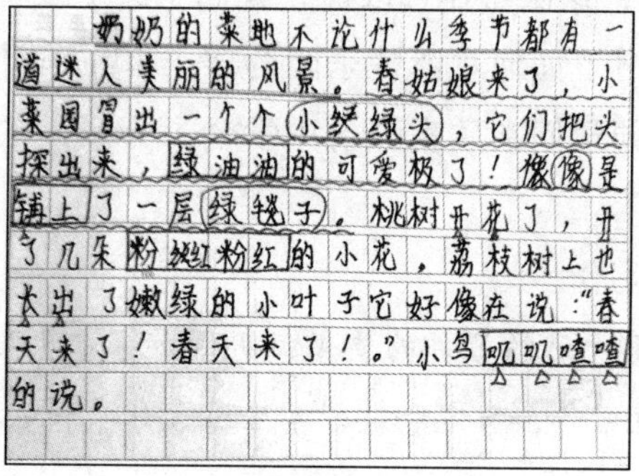
奶奶的菜地不论什么季节都有一道迷人美丽的风景。春姑娘来了，小菜园冒出一个个小尖绿头，它们把头探出来，绿油油的可爱极了！像是铺上了一层绿毯子。桃树开花了，开了几朵粉红粉红的小花，荔枝树上也长出了嫩绿的小叶子它好像在说："春天来了！春天来了！"小鸟叽叽喳喳的说。

图2–15　学生习作课件PPT（2）

②学生交流：你最欣赏哪句的描写？

教师适时点拨：你有类似的写法吗？请读给同桌听。

③学生小结收获：运用修辞手法可以把景物的特点写生动。

（3）教师小结。

（设计意图："赏评"的核心是"赏中有导"——"师生真诚欣赏，发现习作亮点，提炼写作方法"，在"欣赏"的过程中，孩子们明白了习作方法，同时也很好地解决了本次习作教学的重难点，通过欣赏评析同学的习作片段，明确怎样运用恰当的表达方式介绍清楚自己的乐园，表达自己的情感。）

4. 取长补短，自主修改

（1）学生根据同桌的评价，再默读习作，用红笔自主修改。

（2）指名展示修改的片段，鼓励进步。

①投影出示修改前后两个片段，小作者朗读。

②小作者自评：修改后好在哪里？这个部分的描写可以加多少分？

③学生评议，小作者在自己的习作评价表上加分。

（设计意图：在学生听取别人修改意见的过程中，对自己的文章又做了适当的修改。在一次又一次的修改中，学生修改的能力不断提升，文章也修改得越来越具体、生动。教师引导学生对比修改前后的片段，让学生给自己加分，通过鼓励和肯定学生的修改过程，激发学生不断修改习作的热情。）

5. 总结提升，誊写习作

（1）教师总结：这次习作评改课，我们学会了按一定的顺序向别人介绍自己的乐园，知道了如何写清楚乐园的样子、在乐园里干什么及乐园给我们带来的快乐。同学们在欣赏评价中学会了分享，在分享中获得了快乐和提升。

（2）学生誊写习作。

（设计意图：再次总结习作的要求，巩固加深本次习作要求，使其内化于心。通过评价学生习作，肯定和鼓励学生乐于分享和追求进步的优点。）

（三）板书设计

我的乐园

样子　　　干什么　　　感受

按一定的顺序写清楚

运用修辞手法写生动

（设计意图：板书是教师备课中构思的艺术结晶。设计的板书简洁明了，让学生一目了然地感受到习作的要求，能起到画龙点睛的作用。）

《普罗米修斯》教学设计

【教学分析】

这篇课文是人教实验版教材语文四年级下册第八组的讲读课文，第八组要求走进故事长廊，感受它的魅力，体会其中的道理，并学会复述课文。这篇神话故事写的是天神普罗米修斯为了解除人类没有火种的困苦，不惜触犯天规，勇敢地盗取天火，并与宙斯进行不屈不挠的斗争，最后得到了大力神救助的传说，颂扬了普罗米修斯不畏强权，为民造福，不惜牺牲一切的伟大精神。

【学情分析】

四年级下学期学生已经较多地接触过中国的神话故事，《普罗米修斯》是小学阶段最早接触的古希腊神话故事。虽然文本故事感人，人物形象丰满逼真，但毕竟是古希腊文学作品，且距学生生活时代久远，所以给课堂教学造成一定的时空距离。因此，如何捕捉文本语言文字的训练点，借助一些直观画面，引导学生大胆想象，指导学生入情入境地朗读，进而体会人物形象是上好本节课的关键。

【设计理念】

《语文课程标准》在第二学段的阅读目标中要求学生"能初步感受作品中生动的形象和优美的语言，关心作品中人物的命运和喜怒哀乐，与他人交流自己的喜怒哀乐"。《普罗米修斯》一课，正是通过语言和行动描写来表现人物形象，语言真挚感人，饱含丰富的思想感情。本课教学意在从整体入手，文本感悟与语言训练有机结合，尊重学生的阅读体验，随机引导学生学习，注重朗读指导，调动生活积累谈感悟，在谈感悟的过程中，抓住文本留有空白的有用资源，让学生通过想象说话发展语言，将读文、感悟层层推向深入，感悟普罗米修斯的高大形象，从而巧妙地突破课文重点。

【教学目标】

（1）会认7个生字，会写14个生字。能正确读写"火种、喷射、火焰、驱寒取暖、驱赶、领袖、气急败坏、惩罚、敬佩、造福、违抗、狠心、双膝、啄食、肝脏"等词语。

（2）正确、流利、有感情地朗读课文，注意读对众神的名字。

（3）按照起因、经过、结果的顺序，讲讲普罗米修斯"盗"火种的故事。

（4）能抓住有关语句体会普罗米修斯的勇敢和献身精神。

【教学重点】

按照起因、经过、结果的顺序，讲讲普罗米修斯"盗"火种的故事。能抓住有关语句体会普罗米修斯的勇敢和献身精神。

【教学难点】

能抓住有关语句体会普罗米修斯的勇敢和献身精神。

【教学策略】

（1）紧扣"为人类造福……归还火种！"这句话展开两个板块——造福和惩罚的教学，在质疑、品悟中回环反复诵读，感受人物形象。

（2）落脚生活，想象人类没有火的画面，调动生活经验替代烦琐的分析。

（3）以读为本，抓住"锁""啄""没有尽头"进行语言文字训练，揣摩人物心理。

【教学课时】

2课时。

∽ 第一课时 ∽

（一）教学内容

认读生字词；品读课文，体会普罗米修斯的善良和勇敢。

（二）教学过程

1.设疑激趣，引发阅读期待

（1）教师深情朗诵诗歌。

是谁，让漫漫黑夜跳跃希望的火苗？

是谁，让蛮荒时代沐浴文明的曙光？

是谁，甘愿触犯天条也要救人类于水火？

是谁，身受酷刑却无怨无悔？

是谁呀？——

（2）板书课题，读题。

（3）简介普罗米修斯。

师：普罗米修斯是一个神，他是古希腊神话传说中的提坦神。他创造了人，同时仿造音神，终于使人类发出声音来，而且教给人类知识和技术方法。

（设计意图：深情朗诵赞颂普罗米修斯的小诗，既直奔主题，又给了学生一个感受语言魅力的平台，学生的情绪被挑拨起来，他们也跃跃欲读了。）

2.感知神话，引起阅读思考

（1）学生自由读文，要求读准字音，读通句子；并想想课文讲了一件什么事。

（2）检测生字词。

① 检查带拼音的生字词：自由读——指名读。

xī	ráo	suǒ	xiù	fēn	shù	yā	hěn	gān	wǎn
膝	饶	锁	袖	吩	恕	押	狠	肝	挽

② 齐读去拼音的词语。

火种 喷射 火焰 驱赶 领袖 惩罚 敬佩 造福 违抗
狠心 双膝 啄食 肝脏 驱寒 取暖 气急败坏

指导"脏"的另一读音"zāng"，肮脏。

③ 听写词语"火种""惩罚"，指名一学生到黑板的田字格上写，其他同学在自己的田字本上写。

评价学生的书写，指导字的结构。

（3）汇报课文讲了一件什么事。

师：请你用"火种""惩罚"这两个词语串起来说一说课文讲了一件什

么事。

（普罗米修斯为人类偷取火种，遭到了宙斯的惩罚，最后被大力神解救。）

（4）用一个词语说一说普罗米修斯给你留下了什么印象？（预设：坚强、善良、勇敢、舍己为人等）

（设计意图：用听写的方式，既检测了学生自学词语的能力，又可以降低学生整体感知课文内容的难度。）

3. 走进神话，引导阅读感悟

过渡：课文哪句话最能突出普罗米修斯的品质？快速浏览课文，用"＿＿"画出句子。

（1）初次品读。

为人类造福，有什么错？我可以忍受各种痛苦，但决不会承认错误，更不会归还火种！

① 自读。你有什么疑问？

② 汇报交流。（预设并随机品读）

问题一：普罗米修斯为人类造了什么福？——进入品读（一）

问题二：普罗米修斯忍受了哪些痛苦？——进入品读（二）（三）

（设计意图：这个句子在全文中起到引领和贯穿的作用，我以此为主线，品悟课文，感受人物形象。本环节意在引导学生自主质疑，有思考才会有疑问，有疑问就会有探究，有探究就会有收获。教师在这里只是学习活动的组织者、引导者，学生才是学习的主体，教随生而动。）

（2）深入品读。

品读（一）

就在这时候，有一位名叫普罗米修斯的天神来到了人间，看到人类没有火的悲惨情景，决心冒着生命危险，到太阳神阿波罗那里去拿取火种。

① 自由读。

② 想象人类没有火的情景。

师：同学们，让我们的思绪穿越时空隧道，回到百万年前的人类社会。请同学们闭上眼睛想象人类生活没有火的悲惨情景。

（出示：没有火，人类只好＿＿＿＿＿＿＿）

随机追问：普罗米修斯的心里会怎么想？

③齐读。

④领读人类有了火的情景。

师：有一天，普罗米修斯终于从太阳车上拿取了一颗火星，把火种带到了人间。下面让我们一起把人类有了火的情景读出来。自从有了火——人类就开始用它烧熟食物；自从有了火——人类就开始用它驱寒取暖；自从有了火——人类就用火来驱赶危害人类安全的猛兽。

⑤师：此时此刻，你觉得普罗米修斯是一个怎样的神？（预设：有同情心、善良）

⑥第一次回读：

善良的普罗米修斯看到人类没有火是如此悲惨，所以他坚定地说（读）——为人类造福，有什么错？我可以忍受各种痛苦，但决不会承认错误，更不会归还火种！

善良的普罗米修斯看到人类有了火是如此幸福，所以他坚定地说（读）——

（设计意图："体会无火的悲惨"，这一部分中，调动学生生活积累，运用"没有火，只好_____"练习说话，说话的内容为课文的拓展，这是一种句式的训练，既提升了学生运用语言的能力，更能让学生加深对课文中无火生活的悲惨的理解，训练替代了烦琐的分析。）

过渡：当你再读这一句时，你还会提出什么问题？

品读（二）

普罗米修斯的双手和双脚戴着铁环，被死死地锁在高高的悬崖上。他既不能动弹，也不能睡觉，日夜遭受着风吹雨淋的痛苦。

① 自由读，一边读一边想，你从哪些词语感受他的痛苦？读完以后用"△"标出来。（死死地、既不能、也不能、日夜遭受、风吹雨淋）

②汇报。师：你画了哪些词语？你从中体会到什么？

③品读"死死地锁"。

师："死死地锁"是怎样地锁？可以换成什么词语？（牢固、牢牢、紧紧、一动也不动）（指名一位同学放到句子里读一次）

出示：普罗米修斯的双手和双脚戴着铁环，被死死地锁在高高的悬崖上。

普罗米修斯的双手和双脚戴着铁环，被____锁在高高的悬崖上。

随机追问：此时，你想普罗米修斯会是怎样的心情？

④指导读"死死地锁"。

师：普罗米修斯是多么痛苦啊，我们把他的痛苦融进这四个字里，你读——死死地锁。（指名5至7位学生读）

师评：锁得够紧了吗？够死了吗？

像他那样读。

锁得一动也不能动了。你读整句。

⑤想象普罗米修斯的痛苦。

师：这死死地一锁可就是漫长的几年啊！当寒冷折磨着他，他冷得浑身发抖。当炎热、饥渴折磨他的时候，他又会承受怎样的痛苦？请选择一个句式说一说，先同桌交流一下。（同桌交流——指名说）

出示：寒冷折磨着他，他冷得浑身发抖。

炎热折磨着他，_____

饥渴折磨着他，_____

……

教师追问：他还会受到怎样的折磨？（疼痛、疲劳）

⑥齐读。

师：的确，普罗米修斯此时多么痛苦，读——

（设计意图："锁"是整个语段的向心力、整个语段的支撑点，所以，我就紧紧围绕这个"锁"字，引导学生把作品中的语言文字化为自己的语言，把自己感受到的、感觉到的用文字表达出来，这都有利于培养学生的语言感悟能力。感情的火花迸发出来，语感也就出来了，此时，朗读与感悟就相得益彰了。）

过渡：你还能找到普罗米修斯遭受痛苦的句子吗？

品读（三）

狠心的宙斯又派了一只凶恶的鹫鹰，每天站在普罗米修斯的双膝上，用它尖利的嘴巴，啄食他的肝脏。白天，他的肝脏被吃光了，可是一到晚上，肝脏又重新长了起来。这样，普罗米修斯所承受的痛苦，永远没有尽头了。

①师范读，生闭眼想象。

师：请同学们闭上眼睛听老师读，想想你的脑海里仿佛出现了什么画面？

②汇报，随机品读"啄食"和"尖尖的嘴巴"。

随机追问：

问题一：怎样地啄？（拼命、使劲、狠狠）还会怎样地啄？

（随机请一位学生将词语放进句子中读——用它尖利的嘴巴，狠狠地啄食他的肝脏。）

问题二：像什么样的嘴巴？（像铁钩、刺刀、利剑）

（随机请一位学生将词语放进句子中读——用它像刺刀一样的嘴巴，啄食他的肝脏。）

③齐读。

师：让我们再次感受他的痛苦，齐读——

④理解、品读"永远没有尽头"。

师：这样的痛苦仅仅一天吗？而是——永远没有尽头。怎么理解"永远没有尽头"？（随机指名读词语：永远没有尽头）

师：白天——他的肝脏被吃光了，一到晚上——肝脏又重新长了起来，这就是——永远没有尽头。

⑤引导评价普罗米修斯是一个怎样的神。

师：炎热、寒冷、饥渴折磨他，鹫鹰啄食他，他也不怕，此时此刻，你觉得普罗米修斯是一个怎样的神？（勇敢、坚强、坚持不懈、不屈不挠）

⑥第二次回读：

沉重的铁环，死死地锁着他的手脚，他动摇了吗？——没有——他还是坚定地回答——女同学读：为人类造福，有什么错？我可以忍受各种痛苦，但决不会承认错误，更不会归还火种！

凶恶的鹫鹰，啄食着他的肝脏，他后悔了吗？——没有——他依然坚定地回答——男同学读——

没有尽头的刑期，折磨着他，他屈服了吗？——没有——他始终坚定地回答——全班齐读——

（设计意图：对于普罗米修斯所承受的痛苦，文章写得极其简约，这一段若能深入理解，更能加深学生对普罗米修斯的认识，而且使"神"的形象更具有"人情味"。抓住文本中的重点词语，让学生眼前浮现出一幅幅画面是阅读教学的有效策略，在生与文、师与生、生与生的对话中，学生"情动而辞发"，一次次将学生的情绪推向高潮。）

（3）整体感悟。

（出示：为人类造福，有什么错？我可以忍受各种痛苦，但决不会承认错误，更不会归还火种！）

① 小练笔：对普罗米修斯说心里话。

师：当你再读这句话时，你的心里一定会有许多话要对普罗米修斯说。请写下来。（强调用第二人称写：普罗米修斯，你……）

② 指名说，评价。

③ 齐读。

师：普罗米修斯，你为了人类，忍受了多大的痛苦！你为了人类，做出了多大的牺牲！你为了人类，震撼了天上人间！让我们再次聆听你惊天动地的回答。齐读——为人类造福，有什么错？我可以忍受各种痛苦，但决不会承认错误，更不会归还火种！

师：正义终将战胜邪恶，善良、坚强的普罗米修斯感动了著名的大力神，大力神解救了普罗米修斯。

（设计意图：普罗米修斯的形象在学生心目中已经丰满高大了，此时学生心目中不仅留下了普罗米修斯的形象，更留下了他的精神，此时同学们一定有话想说，有话要说，为他们提供一个写的平台，几句话、一句话，哪怕是一个词语，学生的语言表达能力都会有所提高，有所发展。）

4. 拓展升情，引领阅读超越

（1）引导师生对诗。

师：普罗米修斯留给我们的，不仅仅是物质的火种，更是精神上的火种，所以，当有人问我——是谁，让漫漫黑夜跳跃希望的火苗？我会说——（学生）是你，善良的普罗米修斯。——（学生）是谁，让蛮荒时代沐浴文明的曙光？——（学生）是你，善良的普罗米修斯。——是谁，甘愿触犯天条也要救人类于水火？——（学生）是你，勇敢的普罗米修斯。——是谁，身受酷刑却无怨无悔？——（学生）是你，勇敢的普罗米修斯。

（2）引导阅读希腊神话的其他故事。

（设计意图：基于学生对普罗米修斯这一英雄形象已经有了一个立体的认识，于是我再次引用这首诗作为课文的总结，在师生声情并茂的诵读中，学生对普罗米修斯的认识、情感都得到了深化，在悲壮的音乐声中，一遍遍让学生们诵读着"是你，普罗米修斯"，坚定的回答岂止来自课外的小诗，更来自于学生们心灵深处的认同，使课堂达到了一种水乳交融、情境合一的境界。）

5. 作业超市

请同学们从"作业超市"里选择一两项完成。

（1）把生字词读一读，写一写。

（2）把这个故事讲给家人听。

（3）阅读有关希腊神话的其他故事。

（设计意图：提供的课外阅读材料，源于教材，又超越了教材，能进一步激发学生对神话故事的兴趣，同时为下节课做好准备。）

∽ 第二课时 ∽

（一）教学内容

复述故事内容，交流希腊神话的其他故事；学习生字。

（二）教学过程

（略）

（三）板书设计

31 普罗米修斯

火种→造福——善良

惩罚→痛苦——坚强

（设计意图：板书旨在呈现人物丰满的形象，但只是预设，课堂上依学生的回答而灵活改变顺序或词语。）

《老人与海鸥》教学设计

【教学过程】

（一）谈话导入

出示海鸥老人吴庆恒的塑像（学生很可能不认识）。这尊塑像坐落在云南省昆明市翠湖公园里，但它不是政府拨款所建，也不是财团出资，而是市民自发捐钱塑造的，它成了昆明市一道亮丽的风景。他是什么人？为什么市民会这样做？走进第21课《老人与海鸥》这个真实的故事，谜底就会揭晓。请看老师板书课题。注意"鸥"字的笔顺。齐读课题。

（二）初读课文整体感知

齐读词语：塑料　饼干　节奏　乐谱　吉祥　企盼　急速　抑扬顿挫　相依相随

师：课前同学们已经预习了课文，下面老师来考考大家会不会读这些生字词。全班齐读。

（1）请快速浏览课文，然后想一想这篇课文写了老人与海鸥的哪些事情？

（2）总结：简单地说，这篇文章先写老人喂海鸥，后写海鸥为老人送别这两件事。（板书：喂、送）

过渡：这两个场景中让你意想不到的是哪个场景？（海鸥为老人送别）在安放老人遗像的地方，海鸥的举动太让人惊异了，那么我们的课文是怎样描写这一场景的，快速默读课文第14—19自然段，用横线在课文里画出海鸥的哪些表现让你意想不到。

（三）再读课文，读出"意想不到"

（1）学生自学，师巡视指导。

（2）交流：

品读：意想不到的事情发生了——一群海鸥突然飞来，围着老人的遗像翻飞盘旋，连声鸣叫，叫声与姿势与平时大不一样，像是发生了什么大事。

① 学生自由朗读。

② 你从哪些词语体会到意想不到？

③ 汇报。

预设： 大不一样——它们的叫声与姿势会有怎样的不一样？——生谈（2个）。

翻飞盘旋，连声鸣叫——什么意思？——你从这两个词语中体会到海鸥此时心里会是一种什么情感？用一个词语来说——生谈（4个）（恋恋不舍、难舍难分、焦急万分、心如刀绞、悲伤欲绝）。

（3）指导朗读。

海鸥们一声声热切的呼唤有不舍、焦急，还有悲伤，谁能把这种感觉朗读出来？（指名抓住关键词语读）（2个）

（4）齐读。

我分明看到了一只焦急热切而又悲伤的海鸥，同学们，我们一起来把这段话读一读。（生齐读）

品读：当我们不得不去收起遗像的时候，海鸥们像炸了营似的朝遗像扑来。它们大声鸣叫着，翅膀扑得那样近，我们好不容易才从这片飞动的白色旋涡中脱出身来。

① 学生自由读，读完后想一想，你读懂了什么？

② 汇报。我们要搬走老人的遗像，海鸥们拼命不肯离去的情景。

③ 师：这一段中，哪个动词可以让你体会到海鸥们的"不顾一切"？

④ 换词练习。老师觉得把"扑"换成"飞"更合适，因为海鸥本来就是用翅膀"飞"，有没有不同意见？

汇报——"扑"可以感受到它们飞的速度快，不顾一切。"扑"字还可以体现海鸥们为了不让我们搬走老人的遗像那种焦急的心情，它们想赶紧扑过去，保护老人不受伤害。

⑤ 小结。看来，这两"扑"含义很深，情意更重，写作时，用词要反复推敲，将会收到意想不到的效果。

⑥ 想象说话。海鸥们边扑边大声鸣叫，如果把海鸥的鸣叫变为我们能听懂的语言，你猜海鸥们会说些什么呢？同桌之间一人当群众，一人当海鸥，

说一说。

⑦ 汇报。（3个）

评：字字是泪，声声是情啊！

老人一定会明白你的心意。

⑧ 小结并齐读。老师感动了，这里面的焦急、悲伤、依依不舍是多浓的一份情感，请大家齐读这一段。

（四）品读感悟，感悟"情理之中"

师：同学们，假如此时你在翠湖边看到这样的情形，你会产生什么疑问？

师：这群海鸥为什么要这样做？这位老人究竟为海鸥做过什么？他与一般人做的有什么不同呢？请同学们快速浏览课文第1—12自然段，用波浪线在相应的句子下面做上记号。

（1）四人小组交流。

品读：老人顺着栏杆边走边放，海鸥依他的节奏起起落落，排成一片翻飞的白色，飞成一篇有声有色的乐谱。

① 自由朗读。

② 你发现老人与其他人有哪些不同？

③ 汇报。

④ 品读词语"节奏"。

师："节奏"是音乐的灵魂，谁知道节奏与什么有关？

生：音的长短、强弱。

师：那老人喂海鸥的节奏是怎样的？

生：老人喂海鸥的节奏也是时而快时而慢的。

师：那老人喂海鸥为什么时而快时而慢？

生1：海鸥多就快，海鸥少就慢。

生2：海鸥吃得快就快，海鸥吃得慢就慢。

师：多有意思啊！表面上看来是海鸥依着老人的节奏在起起落落，而事实上是老人在依着海鸥的节奏边走边放。（指名读）

海鸥来得多了，吃得快了，请你欢快地读读。（生1读）

海鸥来得更多了，吃得更欢了，请你更欢快地读读。（生2读）

海鸥吃得心满意足了，老人也放慢了速度，谁能这样来读读。（生3读）

品读"有声有色"：

在这有声有色的乐谱里，你听到了什么？看到了什么？（指名说）（听到海鸥的鸣叫、扑翅膀的声音、老人的笑声，看到海鸥吃饼干、老人在笑）

（2）学生练习读。

你们看到了那么多，听到了那么多，感受到了那么多，能不能把这段话读一读，先自己练练。

（3）师生合作读。

师：让我们拿起书再来读读这段话。老师读老人的表现，大家读海鸥的表现。

过渡：这么和谐的画面，让我们感受到的是老人与海鸥浓浓的亲情呀！还有哪儿让你感受到老人与其他人不同呢？

汇报读：

① "在海鸥的鸣叫声里，老人……公主……"

师评：那一个个名字都浸透了老人对海鸥的爱呀！尊重是对生命的敬畏，还有吗？

② "这位老人每天步行二十余里……海鸥相伴。"

师评：是啊！那么远的路老人都步行，连五角钱的公交车都舍不得坐。还有吗？

③ "谈起海鸥，老人的眼睛立刻生动起来。……啧啧……"

师评：都说眼睛是心灵的窗户，那在这"生动的眼睛"里折射出的是老人怎样的心意呢？（喜欢、思念）（如果学生没读，便让大家自由读读，想一想）

④ "老人望着高空……企盼。"

（投影出示补充资料）

被昆明人称为"海鸥老人"的吴庆恒生前孤身一人，每年冬天飞抵昆明的红嘴鸟是他唯一的寄托。每当红嘴鸟"驾临"，老人天天徒步十多公里进城给它们喂食，和它们嬉戏，风雨无阻；老人每月三百零八元的退休工资有一半以上都用来给海鸥买吃的，为此，老人平时几乎舍不得花一分钱坐公交车。

如果让你用这个句式来说说"海鸥老人"吴庆恒，你会怎样说？

就算_____，就算_____，我也要去喂海鸥。

小结：十多年的冬天，几千个日子，几万里的路程啊，老人与海鸥就是这样相依相伴，在老人心中，海鸥就像他的——生：儿女；在海鸥心中，老人就是它们的——生：父亲；老人与海鸥，他们就是——生：亲人。（板书：亲人）所以，当海鸥知道老人去世，面对老人的遗像时，它们是那么悲伤，那么焦急，读——意想不到的事情发生了——一群海鸥突然飞来，围着老人的遗像翻飞盘旋，连声鸣叫，叫声与姿势与平时大不一样，像是发生了什么大事。

当我们不得不去收起遗像的时候，海鸥们像炸了营似的朝遗像扑来。它们大声鸣叫着，翅膀扑得那样近，我们好不容易才从这片飞动的白色旋涡中脱出身来。

（五）扬情寓意，升华情感

（1）老人与海鸥之间的故事感动了很多很多的人，后来，人们在翠湖公园里就建立了课前所出现的雕塑，师解说：老人依旧满脸慈祥的笑容，周围，海鸥翩然翻飞，多么和谐的场面！大家知道这雕塑的寓意是什么吗？（代表着人们对老人的纪念，要像老人一样爱护海鸥的美好心愿。寓意着人与动物要和谐相处的美好愿望！）

师：好一句人与动物和谐相处。是啊，人与动物之间充满亲情、关爱，生活就会充满和谐与幸福。整个世界都是如此！

（2）师：生活中，像老人一样爱护动物的人还有很多，有你，有我，有大家，我们现在来听一首歌——《一个真实的故事》想想，自己以后应该怎样更好地去关爱动物呢？

（六）板书设计

21 老人与海鸥

喂—送

亲人

《囊萤夜读》教学设计

【教学过程】

（一）回顾旧知，激趣导入

（1）回顾旧知：简介文言文特点，回顾已经学过的文言文及学习方法。

（2）揭示课题：

（设计意图：介绍文言文知识，让学生了解我国古代文化丰富多彩、博大精深；回顾已经学过的文言文，勾起学生的阅读体验；故事设疑卖关子，激发学生学习兴趣，提高学生阅读期待。）

（二）初读课文，扫清字词障碍

（1）学生自读课文，要求：自由朗读课文，借助注音把字读准确，把句子读通顺。

（2）认读生字，着重指导。

① 难读易错：车胤（yìn）　恭（gōng）　勤（qín）　练囊（náng）焉（yān）

② 多音字：盛（chéng）　数（shù）

（3）书写指导。

① 重点指导"囊"字的写法：观察范写→说说书写要注意的笔画→师生练写→展评。

② 提醒注意："恭"（小部），"勤"左边"堇"的最后一笔横变提。

（4）指导朗读。

① 学生再次朗读课文。

② 师生赛读，发现不同。

③ 出示停顿划分，多形式朗读：学生按节奏练读→指名读，重点指导读

好文中的长句"夏月则练囊盛数十萤火以照书"→分列赛读、男女赛读，师生点评。

（5）小结朗读方法：文言文的读法：一要放慢语速；二要停顿得当；三要读出不同句式的语气。

（设计意图：初读课文，认读生字，重点引导学生读好难读易错的生字，写好难写易错的生字，环节清晰，重点突出，为后续教学环节有效扫清了字词障碍。）

（三）紧扣文体，再读课文，品读感知

1. 自主探究，质疑问难

（1）借助注释，自主探究：学生再读课文，圈出关键字词，并借助注释理解关键字词和句子的意思；在不懂的地方做上标记。

（2）理解关键字词的意思。

① 理解课文中的注释。

② 学生提出其他关键字词，并说说自己的理解及方法。

③ 质疑问难：学生提出自己还不懂的字词。

（3）借助关键字词的解释，说说课文每句话的意思。

2. 抓关键词，理解题意

（1）指名说题意：用袋子装萤火虫在夜晚读书。

（2）教师质疑：谁用袋子装萤火虫在夜晚读书？

（3）简介主人公车胤。

3. 理解文意，感受人物品质

（1）品读课文第一句：胤恭勤不倦，博学多通。

① 指名说句意：车胤谦逊有礼，学习勤奋而不知疲倦，知识广博，学问精通。

② 小结写法：这句话从总体上介绍车胤的勤奋学习，博学多才。

（2）品读课文第二句：家贫不常得油，夏月则练囊盛数十萤火以照书，以夜继日焉。

① 出示课文插图，指导学生看图，说说文中哪个句子描写了这幅插图？

② 结合插图，理解整句话的意思。

③ 小结写法：通过具体事例——囊萤夜读，讲车胤是怎样夜以继日地勤奋学习的。

④ 感受车胤的精神品质：你从这个具体事例读出车胤是个怎样的人？（勤奋刻苦）（板书：结果　原因）

（3）想象说话：想象车胤"囊萤夜读"是一幅怎样的画面，试着用自己的话说一说。

（4）谈启发："囊萤夜读"的故事对你有什么启发？

（设计意图：理解词语时，可采用借助注释，可用"换词法"和"组词法"。对课文不理解的部分提出质疑，与他人交流自己的阅读感受，培养质疑能力和与人交流的能力。让学生想象说话，将一篇简练的小古文扩成一篇生动的现代文，让学生爱学、会学、乐学，有效培养了学生想象能力和创造性思维。）

4. 课堂总结，拓展阅读

（1）教师总结。

（2）拓展延伸：古时候还有很多像车胤这样热爱读书的人，你还知道哪些人物的故事？

（悬梁刺股　凿壁借光　手不释卷　牛角挂书　映月读书　韦编三绝　程门立雪）

（设计意图：了解古人的勤奋好学，对学生的情感教育进行引导、启发。）

（四）作业布置

（1）正确、流利地朗读课文，背诵课文。

（2）用自己的话将这个故事讲给家人听。

（3）继续阅读有关勤学苦读的故事。

（设计意图：作业布置紧扣本节课所学进行巩固练习和拓展阅读。）

（五）板书设计

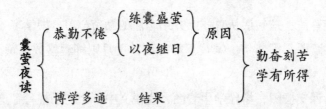

【教学反思】

这篇课文比较适合学生的认知水平，文中所蕴含的古人的思想能给学生以积极的引导。

（一）成功之处

（1）介绍文言文知识，让学生了解我国古代文化丰富多彩、博大精深；回顾已经学过的文言文，勾起学生的阅读体验；故事设疑卖关子，激发学生学习兴趣，提高学生阅读期待。

（2）文言文与现代文相比，在词语、句式等方面差别较大，小学生接触的文言文又少，能做到正确地断句、流利地朗读就已经很不容易。把指导学生朗读、背诵作为本课的教学重点。课文所写的事情和其中蕴含的道理并不难理解，难就难在如何让学生读懂每句话的意思，只有每句意思都懂，才能把句子读通顺。教学中我在这方面下了不少功夫，其效果还是很明显的。

（3）在教学中我还注意了以下问题：充分发挥范读的重要性，教师范读课文本身作用不可小觑，范读文言文更是重要，第一遍要读得有声有色，流畅自如，起到感染学生的作用。第二遍一定要让学生注意断词断句，做到准确朗读。要注重指导文言文的读法，一要把朗读的速度放慢，二要停顿得当，三要读出不同句式的语气。

（4）在这节课的教学中，我还有意地传授了一点儿文言文知识，对学生以后的学习是有帮助的。

（二）不足之处

（1）课堂有点前松后紧，需要注意调整节奏。

（2）应该让学生在充分朗读的基础上，结合课文注释，自主理解课文，结合语境理解词语意思，而不是采取填鸭式教学。

《生命　生命》教学设计

【教学目标】

（1）学会本课的生字词。

（2）能有感情地朗读课文，理解重点词句，积累语言。

（3）感悟作者对生命的思考，懂得珍爱生命，善待生命，不断努力。

【教学重点】

通过反复诵读，理解内容，感悟中心。

【教学难点】

理解对生命的三点感悟，能畅谈对人生的理解。

【教学课时】

2课时。

【教学过程】

∽ 第一课时 ∽

（一）教学内容

理解重点词句，在阅读中品悟生命。

（二）教学过程

1. 激发情感，导入新课

（1）播放婴儿的第一声啼哭，引发思考。

师：谁愿意告诉老师，你今年几岁？还记得妈妈告诉过你刚出生时的故事吗？来，听——（播放婴儿啼哭录音）。有同学笑了，是的，这就是我们来到这个世界上的第一声啼哭，这就是我们对生命的第一声呼唤！从我们呱呱坠地到现在，十年过去了，你有没有想过生命是什么？什么样的生命才最有价值？今天，就让我们一起来学习课文《生命　生命》，看看在台湾作家杏林子（出示杏林子的照片）眼中生命是什么？

（2）板书课题，读课题。

2. 初读正音，感知课文

（1）指名分段读课文。（随机指导难读的字音）

（2）再次默读，思考：在杏林子眼中生命是什么？用"＿＿＿"画出能给你启发的句子或词语。

（3）小组交流，教师巡视指导。

3. 品读课文，感悟生命

过渡：在杏林子眼中生命是什么？

品读（一）

但它挣扎着，极力鼓动双翅，我感到一股生命的力量在我手中跃动，那样强烈！那样鲜明！飞蛾那种求生的欲望令我震惊，我忍不住放了它！

（1）自读，你体会到了什么？

（2）汇报：你觉得哪个词语最能体现飞蛾求生的欲望强？

品读"挣扎"。

师：飞蛾就在我的手中，只要我的手指稍一用力，它就不能动弹。闭眼想象一下，飞蛾会怎样挣扎？〔出示句子：但它（　　　　）挣扎着，极力鼓动双翅，我感到一股生命的力量在我手中跃动，那样强烈！那样鲜明！〕（用力、快速、不顾一切、拼命、使劲、奋不顾身地挣扎）

随机追问：为什么用这个词语？把这个词语放到句子里读出挣扎的感觉。

如果你是这只飞蛾，你会大声地说什么？（强调我一定要挣脱、一定要逃走）

师：从飞蛾拼命地挣扎、不顾一切地挣扎中分明让你感觉到——指名说（强烈的求生欲、极其珍惜自己的生命）

（3）小结并读板书：生命是挣扎的飞蛾。

过渡：在杏林子眼中生命还是什么？

品读（二）

那小小的种子里，包含着多么强的生命力啊，竟使它可以冲破坚硬的外壳，在没有阳光，没有泥土的砖缝中不屈向上，苗壮成长，即使它只活了几天。

（1）师范读，你眼前仿佛看到了什么？

（2）交流。

预设：看到种子发芽、种子在砖缝中生长、绿色的叶子、瓜苗长了几天就死去等。（板书：砖缝中的瓜苗）

小结：同学们所说的我们可以用文中的一个词语概括——生命力。

（3）师：你还发现在生活中还有哪些能体现顽强生命力的事物？（指名说）

（4）小结并读板书：生命是砖缝中的瓜苗。

过渡：在杏林子眼中生命还是什么？

品读（三）

那一声声沉稳而有规律的跳动，给我极大的震撼。这就是我的生命，单单属于我的。我可以好好地使用它，也可以白白地糟蹋它。

（1）学生自读。

（2）师生感受心跳，交流你感受到什么。指导朗读"这就是我的生命，单单属于我的"。

师：让我们把手放在心脏的位置，静静地感受一下我们的心跳，（师生做动作）你感受到了什么？（指名说）

（出示：这就是我的生命，单单属于我的。）齐读。

自豪地读这句——

庄严地读这句——

（3）理解"糟蹋"，交流糟蹋生命的例子。

师：杏林子想到了她可以好好地使用它，也可以白白地糟蹋它。什么叫"糟蹋"？什么叫浪费生命？

（4）简介杏林子。（出示杏林子照片）这就是听自己心跳的杏林子，你觉得这是一位怎样的人？请用一个词语说。

（5）交流，随机引导学生结合杏林子的资料品读"使用"和"糟蹋"。

①（出示另一张她写字的图片以及她一生的著作）

（杏林子12岁的时候，比你们大两岁的时候，患上了一种非常严重的病，叫类风湿性关节炎。全身百分之九十以上的关节坏死，从12岁患病到61岁去世，整整50年的时间里，她腿不能动，腰不能转，臂不能抬，头也不能随意地转动，就保持着一种姿势，在轮椅上坐了整整50年。）

（杏林子写作时，要弯着腰、弓着背，比正常人辛苦数倍。但她笔耕不辍，1977年发表第一本作品《生之歌》，她一生有60多部作品，包括40多部剧本、16本散文集和2本小说，还有专辑及编著的作品，被誉为"台湾最具影响力的作家"，当选过"台湾十大杰出青年"，组织成立了"伊甸残障福利基金会"。2003年，她离世后，家属按她生前的遗愿，把她的躯体捐给医院，供"类风湿性关节炎"教学研究。）

②从学生的表情中引出话题交流。

师：你"哗"什么？

你为什么睁大眼睛？

你震惊的是什么？

（随机品读"使用"和"糟蹋"，引导学生结合杏林子的资料说：杏林子对生命的好好使用具体体现在哪些事情上？）

评：生命本来就是一桩奇迹！

真实身残志坚。

毅力支撑着她！

师：读到这里，你又会如何评价杏林子？还是请你用一个词语说说。

（乐观向上、顽强不屈、坚强、拼搏、珍惜生命、有理想等）

师：作为后人，我们不禁要问：杏林子啊，是什么信念支撑着你？（指名说）

（6）分层次朗读：虽然生命短暂，但我们可以让有限的生命呈现出无限的价值。

师引读：这是她在轻轻地告诫自己——

这是她在庄重地告诫我们——

这是她在响亮地告诫全世界——

（7）小结并读板书：生命是跳动的心脏。

4. 拓展交流，升华情感

（1）引导交流生命还会是什么，并请学生完成板书。

师：同学们，了解了杏林子后，生命仅仅是跳动的心脏吗？在备课中，我一次次被震撼，我写下了这句话：生命是不倦的追求，生命是无私的奉献。生命还会是什么？（出示投影：生命是＿＿＿＿＿）（指名说并请两人在黑板上写）（崇高的理想、顽强的拼搏、一本本的著作、不向命运低头的勇气）

师：（画一个省略号）这个省略号代表智慧的亮点，我们对生命的理解还没有停止。

（2）再读板书和课题。

师：同学们，课上到这里，我们无论是对杏林子的生命还是对自己的生命都有不同的感悟，让我们再来读课题，读出你们对生命的感悟。

～ 第二课时 ～

（一）教学内容

指导背诵课文；写对生命的感受；学习生字。

（二）教学过程

（略）

（三）板书设计

19 生命生命

挣扎的飞蛾

生命　　砖缝中的瓜苗

？

跳动的心脏

＿＿＿＿＿

＿＿＿＿＿

······

《渔歌子》教学设计

【文本解读】

渔歌子

张志和

西塞山前白鹭飞,桃花流水鳜鱼肥。

青箬笠,绿蓑衣,斜风细雨不须归。

(一)初读,感叹景之美

《渔歌子》是一首清丽淡雅的词,寥寥数十字,展现的画面却异常生动。青翠的西塞山,翻飞的白鹭,飘落的花瓣,肥美的鳜鱼,更兼斜风细雨,这些色彩鲜明的景物所营造的自由宁静的意境,使人忍不住赞叹:好一幅江南春景图!

作者以精美的文字,勾勒出一幅幅色彩明丽的画卷,给人以悠悠不尽的美感享受。我国宋代文学家张舜民说:"诗是无形画,画是有形诗。"多么明了的山水画。我原以为,这仅是一首写景的山水词,于是我设想以"你从词中仿佛看到了什么样的画面"贯穿课堂。引导学生说"我仿佛看到了西塞山、白鹭、桃花、流水、鳜鱼、箬笠、蓑衣、斜风、细雨"等,接着再引导学生想象景物的颜色和姿态,如( )西塞山、( )桃花等,如此,学生从单个词语入手,经过扎实的语言文字训练,使景物变得具体生动起来,进一步感受到颜色不一、姿态各异的西塞山风光。在此基础上,让学生连词成句,从而说出整首词的意思。

(二)再思,展现词中人

但让学生只读出词中画是不够的,还要读出词中人。张志和,初名龟龄，唐代著名词人和诗人，16岁时"游大学"，以"明经"耀第（考取了当时最好的大学，读明经科）向唐肃宗献策，深受赏识和重用，又赐名"志和"。后因事贬官。但他并没有去上任，而是托词亲丧回到了老家，并且从此以后不再做官，长期过着隐逸的生活，悠然徜徉于太湖一带的山水之间。他喜欢垂钓，但是，他钓鱼却与众不同——鱼钩上从来不设诱饵！因常以扁舟垂钓，超然不在尘世中，唐肃宗曾派人寻找他，但是都没有找到。

如此看来，前两句展现出来的并不是画面的全部，甚至只能说这仅够充当整幅构图的一个背景，词的后三句"青箬笠，绿蓑衣，斜风细雨不须归"才以画龙点睛般的笔触，凸显了整个画面的主景：一个老渔翁，正坐在船头，戴着斗笠，穿着蓑衣，在斜风细雨中，悠然自得地垂钓呢！好一个悠闲自得的张志和！

这样一个貌似渔夫，但又异于渔夫的张志和，要让学生走进他的内心世界，无疑要找到一个关键的切入点，而"不须归"便是重点所在。为何"不须归"？表面上看，是渔夫流连于这里的美景，乐而忘归。在这一部分，教师主要引导学生从读中想象看到的画面，然后是听到的声音、闻到的气息。"你从这首词中读出了什么？"在此基础上，让学生连词成句，说出整首词的意思，体现了学习的梯级，降低了难度。

（三）深思，领悟词人意

了解了"不须归"的表面原因后，引导学生再读这首词，并追问：斜风细雨不须归，这个"归"字仅仅是回家吗？最后探究：还不归哪里？通过拓展"烟波钓徒"回给哥哥的一首词，领悟作者是不想回到官场。

教师需不需要跟孩子讲官场失意，看破红尘才归去来兮之类？有的教师认为，四年级孩子会一头雾水，我们让孩子们解读到的仅仅是"沉迷自然，乐而往返"即可，大可不必进行深一层次的探讨。但我思量再三，写词跟我们现在写文章不是一样吗？不就是想让你读懂他的心吗？这样描写张志和向往悠闲自得的垂钓生活的词不是还有另外四首吗？这些词的基调是那么一致。生活向往"真"，读词也应该一样。把词人真实的情感展现在学生面前——读懂词中人。只有学生读懂了词人的情，他们才会爱这首词，才会有读的欲望，才会欣赏古诗词，从而爱上古诗词。

《语文课程标准》强调：要有强烈的资源意识，去努力开发、积极利用。人们都说"古诗词是一个奇葩"。可见它的魅力之深，影响之大。如何让学生在有限的课堂汲取更多的养分，不能局限于课本、课堂的学习。我引领学生拓展阅读另一首《渔歌子》："松江蟹舍主人欢，菰饮莼羹亦共餐。枫叶落，荻花干，醉宿渔舟不觉寒。"感悟张志和"哪怕＿＿＿＿＿＿，哪怕＿＿＿＿＿＿，我也不须归"。他的哥哥张松龄怕弟弟隐居不回家，就作了一首词劝他回归仕途，重新做官，诗中写道："乐是风波钓是闲，草堂松径已胜攀，太湖水，洞庭山，狂风浪起且须还。"但张志和却沉醉于自然、平静的生活，不想回归。

一番探讨，学生明白张志和垂钓，钓来的是清闲、飘逸。此翁之意不在鱼，他在乎的是如诗如画的美景；在乎的是无拘无束，不计得失，自得其乐；在乎的是远离世俗的田园生活所拥有的宁静淡泊！这不恰恰是作者对自己行为的一种修炼和人生追求吗？

通过探究词人"不须归"的深刻内涵，让学生反复吟诵词中最后一句——"青箬笠，绿蓑衣，斜风细雨不须归"，使学生达到和词人相依，和文本相融的境界。

学生诵有所悟后，我觉得应该放手推荐学生学习张志和的其他三首《渔歌子》，让学生课后通过查找资料去读一读，读出独特的感受。

【设计理念】

张志和作为一名诗词、书画大家，他的作品是词中有画，画中有词。本设计力图以想象画面、吟诵等方式来理解词的意境，并引入词人的另外一首《渔歌子》来充实教学内容，帮助学生更深入地去理解词人醉情山水、追求悠闲自在生活的心态。教学中也力求体现诵读理解古诗词的层次性，引导学生从读中想象看到的画面，然后是听到的声音、闻到的气息，最后再从拓展的内容去深入体会词人醉情山水的深刻内涵。整节课以"不须归"为主线，四次探究词人"不须归"的深刻内涵，并四次让学生反复吟诵词中最后一句——"青箬笠，绿蓑衣，斜风细雨不须归"，使学生达到和词人相依，和文本相融的境界。

【教学目标】

（1）能正确、流利、有感情地朗读、背诵这首词。

（2）通过想象来描述词的画面，理解词意，体会作者寄情山水的情操。

（3）培养阅读古诗词的兴趣和对古诗词的热爱之情，养成课外主动积累的习惯。

【教学重点】

学会词的吟诵，想象词中描绘的情景。

【教学难点】

读出词的韵味，体会作者寄情山水的情操。

【教学课时】

1课时。

【教学过程】

（一）导入，渲染词之美

（1）师深情讲述：

有这样一首词，连负有盛名的大诗人——苏轼和陆游都对它推崇备至，赞赏有加。

有这样一首词，流传到了日本，连天皇都效仿唱和，成为日本词学的开山。

有这样一首词，千百年来，人们盛传不衰，折射出迷人的艺术光辉。

想听一听这首词吗？

（2）师配乐诵读全词。

（3）揭题。

今天，让我们走进《渔歌子》，用我们的全身心去体验，看它会带给我们哪些美妙的享受。

（二）初读，读出词中味

（1）出示《渔歌子》，板书：渔歌子；点出《渔歌子》是这首词的词牌名。

（2）生借助拼音读词。

要求：每人最少读三次，第一次，要读准字音，特别要读准五个带拼音的字；第二次，读通句子；第三次读出词的韵味。

（3）检查初读效果。

① 指名读带拼音的字。

② 指名读整首词，随机纠正学生读错的字。

（三）想象，再现词中画，初探不归因

（1）再读整首词，看看词人此刻的心情怎样？

① 交流：词人的心情怎样？从哪句看出？

预设：开心、高兴。追问：从哪句看出？

师引导：词人高兴得怎样，从词中找答案——舍不得回家（出示："青箬笠，绿蓑衣，斜风细雨不须归"）——齐读一次。

② 师：是什么让词人不须归？（板书：不须归？）从词中找出答案。

（2）品读"西塞山前白鹭飞，桃花流水鳜鱼肥"。

师：唐代书法家颜真卿是词人的朋友，曾夸他：词中有画，画中有词。请大家自由地读读这两句，多读几遍，说说你仿佛看到了什么。

① 生自由读，想象画面。

② 交流你看到了什么，随机指导朗读。

课件：我仿佛看到_____

（远处，连绵起伏的山云雾缭绕，一群洁白的鹭鸶扑腾着翅膀，飞向青天；近处，桃花盛开了，斜风细雨中，花瓣带着点点晶莹的露珠飘落水中……）

引导学生说美，说具体：

（　　　　　）的西塞山

（　　　　　）的白鹭（　　　　）地飞

（　　　　　）的鱼（　　　　）地游

（　　　　　）的桃花（　　　　）地开

评：

多吸引人啊！读——

我感觉到你也被这美丽的画面迷住了，读出来。

③ 师配乐读，生继续想象：你仿佛听到了什么？你还闻到了什么？

课件出示：我仿佛听到_____，我还闻到_____。

随机追问：

白鹭在叫——仿佛在说——

小鸟在唱歌——它会唱——

鳜鱼扑通扑通地跳跃，它在说——

小溪哗啦啦地流，它会说——

④ 齐读。

师：带着你们最美好的感受读——"西塞山前白鹭飞，桃花流水鳜鱼肥"。

⑤ 第一次探究词人"不须归"的原因。

师：读到这儿，你明白词人为什么会"不须归"了吗？——指名说。（词人陶醉在美景中不愿归去）

⑥ 小结：是的，这是一幅色彩艳丽的画面，词人陶醉在美景中，所以——不须归。

⑦ 第一次回读：

多么艳丽的画面，所以词人——"青箬笠，绿蓑衣，斜风细雨不须归"。

多么迷人的风景，所以词人——"青箬笠，绿蓑衣，斜风细雨不须归"。

（3）品味"斜风细雨不须归"的内涵。

① 出示"青箬笠，绿蓑衣，斜风细雨不须归"。

② 自由地读一读，并根据注释说说你对这一句的理解。

③ 指名说，并随机渗透换词训练：____风____雨，随机指导朗读。

（出示：____风____雨）

师：如果让你来填，你会填什么？对比读一读，看看哪个字用得好，好在哪里。

指名说（老师根据学生的回答，随机引出并板书：醉）

④ 第二次探究词人"不须归"的原因，随机渗透说话训练。

师：词人醉得怎样，看看同学们能不能用这个句式来回答。（出示：就算_____，就算_____，我也不须归。）

⑤ 小结：师：多么柔和的春风，细细的春雨，因此词人——不须归。

⑥ 指导朗读"青箬笠，绿蓑衣，斜风细雨不须归"。着重读好"不须归"。

⑦ 第二次回读：

就算只有青箬笠，就算只有绿蓑衣，词人也不在乎——"青箬笠，绿蓑衣，斜风细雨不须归"。

就算刮风，就算下雨，词人也完全不在乎——"青箬笠，绿蓑衣，斜风细雨不须归"。

（4）生配乐读整首词。

（四）拓展，品出词中情，再探不归因

（1）师旁述词人简介：（边旁述边出示）张志和不仅是诗人、词人、画家，他还精通音律。他16岁时，写折子给皇帝，写的是治国良方，后来因事被贬官，看透了官场的黑暗险恶，从此再也不做官，隐居在太湖一带，扁舟垂钓，自称"烟波钓徒"，并作了《渔歌子》五首，这是另一首。

（2）拓展学习另一首《渔歌子》，加深对词人"斜风细雨不须归"的理解。

资料：

渔歌子（四）

松江蟹舍主人欢，菰（gū）饮莼（chún）羹（gēng）亦共餐。枫叶落，荻（dí）花干，醉宿渔舟不觉寒。

［注］松江：吴淞江。

蟹舍：形容主人居住之处很小。

菰饮莼羹：形容饭食非常简单。

枫叶落，荻花干：枫叶飘零，荻花枯萎，说明凉风袭人的秋季到了。

不觉寒：不觉得寒冷。

① 生以小组为单位借助注释把这首词读好、理解好，并谈谈对词人的"斜风细雨不须归"又有了哪些更深入的体会。

②生谈对词的理解，随机指导读。（2个）

③第三次探究词人"不须归"的原因，随机渗透说话训练。

师：请你谈谈对词人的"斜风细雨不须归"有了哪些更深的体会，可以结合这首词谈，也可以结合词人的背景谈。

课件出示：哪怕_____，哪怕_____，我也不须归。

④ 小结：词人什么都不在乎，完全陶醉于山水间，可见，词人——"青箬笠，绿蓑衣，斜风细雨不须归"。

（五）对诗，悟出词中蕴，深究不归因

（1）出示词人的哥哥张松龄的《和答弟志和渔父歌》：

乐是风波钓是闲，草堂松径已胜攀。太湖水，洞庭山，狂风浪起且须还。

（2）学生自由读，理解哥哥在叫弟弟干什么。

（3）师生和诗，悟出词人"不须归"的更深层含义。

预设和诗过程：

生：西塞山前白鹭飞，桃花流水鳜鱼肥。青箬笠，绿蓑衣，斜风细雨不须归。

师：乐是风波钓是闲，草堂松径已胜攀。太湖水，洞庭山，狂风浪起且须还。

师：狂风浪起且须还。

生：斜风细雨不须归。

师：且须还哪！

生：不须归呀！

师：弟弟啊，为何不归？

生：哥哥，因为这里景色太美了。

生：比起当官，我宁愿在这儿天天钓鱼，多舒服啊！

生：生活在这如画的美景中，才是人生一大快事。

师：兄弟啊，听说你是直钩垂钓，不放鱼饵，你钓到了什么呢？

生：我钓的是自己悠闲的生活。

生：我钓的是自由自在的生活。

（4）第三次回读：

是呀，眼前的清丽美景他怎么割舍得下，所以，当他的好友劝他回去做官时，他这样说——引读"青箬笠，绿蓑衣，斜风细雨不须归"。

当皇帝派来使者要他回京城时，这位"烟波钓徒"还是这样回答——引读"青箬笠，绿蓑衣，斜风细雨不须归"。

（5）回应开头，诵读全词。

我们恍然大悟，张志和垂钓，钓来清闲、飘逸。也只有这样清闲飘逸的心，才会写出这样一首人人称赞的千古绝唱，让我们再来诵读。（全班配乐读）

（六）作业

推荐学生学习张志和的其他三首《渔歌子》。

师：张志和还写了其他三首《渔歌子》，请同学们课后通过查找资料去读一读、背一背，相信你一定会有更大的收获。

（七）板书设计

渔歌子

不须归——醉

?

《虞美人》教学设计

【教材版本】

原人教版高中一年级语文第二册。

春花秋月何时了，往事知多少？小楼昨夜又东风，故国不堪回首月明中。

雕栏玉砌应犹在，只是朱颜改。问君能有几多愁？恰似一江春水向东流。

【教学分析】

培养学生学习诗词兴趣为第一要事。所以我选了一首李煜的词《虞美人》，这首词的成就很高，被誉为"词中之帝"，词中情感核心是愁，这是人人都可能经历过的一种体验，容易引发情感共鸣。这首词声律与情感的谐和程度很高，可以说声情并茂，适合学生学习吟诵，感受词的韵律美。

【学情分析】

六年级的学生已经初步认识了词，曾经诵读过《如梦令》《长相思》等名篇，对词有了初步的认识，也掌握了一定的诵读方法，但由于学生对作者的时代背景比较陌生，较难理解词所表达的情意，所以真正地让学生读出词人的情感有一定的难度，有待于教师的引导。

【教学目标】

（1）反复诵读，体会《虞美人》的声韵美，感知词的意境美。

（2）了解《虞美人》的写作背景，体会作者的"愁"。

（3）激发学生学习古诗词的兴趣。

【教学策略】

（1）李煜的作品深深地烙上了个人生活情感的印记，因此，有必要对其生平进行介绍，将李煜的词纳入他的背景中去品味。所以在导入时我先介绍李煜亡国被俘，接着出示他的名句让学生读，积淀了一种情感氛围。

（2）我以诵读为指导，结合赏析，领会意境及艺术特点，以"往事""故国"为画面，引导学生想象李煜作为国君时所享受的荣华富贵，再引导学生想象李煜变成一个阶下囚时的心理感受，做一个鲜明的对比，学生有了一个情感的体验，容易引起共鸣。然后通过诵读，再次品味词人的心境，感受物是人非的悲痛，这是第二次情感的渲染。第三次是通过听、跟唱邓丽君的《虞美人》进一步升华情感，再现意境。第四次是通过拓展阅读李煜的另外一首名作《子夜歌》再度提升情感。

（3）以诵读与欣赏为主，课件融合音乐、歌曲、录像、图片，构成了优美的课堂教学情境。

【教学课时】

1课时。

【教学过程】

（一）故事导入，创设情境

（1）教师配乐讲述李煜的故事。

（2）欣赏李煜所写的名句：

① 多少恨，昨夜梦魂中。

② 别来春半，触目柔肠断。

③ 剪不断，理还乱，是离愁，别是一般滋味在心头。

（3）学生自由读—指名读—齐读。

（4）你体会到什么？——愁！

师：好，下面就让我们一同走进这位亡国之君的内心世界。（出示词）

（二）诵读词，整体感知

（1）自由读《虞美人》。

（2）指名读。（教师点拨读得好的句子，学生分句读）

（3）学生再自读。

（4）指名读。评价。

（5）齐读。

（三）披文入情，赏析全文

学生默读这首词，想一想这首词大概讲的什么意思。

（1）理解作者身在哪里。

（2）理解作者心在哪里。

①作者会想起哪些往事呢？

②想象往日锦衣玉食的生活、歌舞升平的景象、高人一等的尊贵画面。

③看古代皇帝生活的录像。

（3）感受李煜的心情。

导读：李煜身虽然被囚禁在小楼内，心却在回首往事，此时李煜的心情会是怎样的一番滋味呢？为什么？——万分忧愁——齐读。

（4）引导学生想象李煜被囚禁的画面。

过渡：同学们，请闭上你们的眼睛。让我们一起，随着李煜走进他的生活，走进他的世界。随着老师的朗读，你们的眼前仿佛出现了怎样的画面和情境呢？

①师配乐范读，学生闭眼想象李煜被囚禁的画面。

②汇报。

③与"往事"对比，感受到了什么？

④导读。

在小楼内，他的身上没有金光闪闪的龙袍，没有高人一等的尊贵，有的只是——你读——

在这里，没有春花秋月般的幸福，没有歌舞升平的热闹，在这里，有的只是——一起读——

（5）品读名句"问君能有几多愁？恰似一江春水向东流"。

①指名读。

②同学们，请你们再仔细想一想，除了李煜问自己以外，还会有谁也要问一问李煜？——指名读——齐读。

③这句是什么句？（设问、比喻）用什么比喻什么？说明了什么？——自读。

过渡：法国作家缪塞说："最美丽的诗歌是最绝望的诗歌，有些不朽篇章是纯粹的眼泪。"李煜用眼泪写下了这首词，这哪是一江春水啊，简直就是一江愁水，一江苦水。

（6）齐读整首词。

（四）拓展资源，提升情感

（1）欣赏歌曲，领悟意境。

播放邓丽君演唱的《虞美人》。

（2）拓展：李煜的《子夜歌》。

人生愁恨何能免。销魂独我情何限！故国梦重归，觉来双泪垂。

高楼谁与上？长记秋晴望。往事已成空，还如一梦中。

① 自由读。

② 指名读。

③ 你读懂了什么？

④ 自由读感悟深刻的句子。

⑤ 齐读。

（五）再诵词，内化感悟

（1）齐读《虞美人》。

导读：我的愁啊，我的恨啊，这一切的一切，都化在了《虞美人》中，请读——

（2）师引读，问君能有几多愁？——恰似一江春水向东流。

（3）师生同唱歌曲《虞美人》。

导唱：把李煜的情、我们的感受融入歌声中，跟邓丽君一起唱吧。

（六）板书设计

虞美人

身　小楼

愁

心　往事

《摔跤》教学案例

一、主题与背景

　　《摔跤》是一篇写人记事类的记叙文，选自徐光耀的儿童小说《小兵张嘎》。课文先写了小嘎子提议摔跤；接着写小嘎子和小胖墩儿摔跤的场面，最后写嘎子被小胖墩儿摔倒，是按照事情的发展顺序来写的，刻画了小嘎子顽皮、机敏、争强好胜、富有心机的个性特点。电视剧《小兵张嘎》以其个性鲜明的小嘎子形象深深吸引着学生，他的音容笑貌、"古灵精怪"令人喝彩，大家都喜欢他。电视剧中小嘎子的形象主要是通过媒体的声音、色彩、动画等展现的，而课文只有文字，如何才能使其鲜明的个性跃然纸上？我们要借助这个片段教会学生什么呢？

　　综观整组课文，它以"作家笔下的人"为题，呈现采用不同描写手法的片段，以此刻画人物形象。描写的方法也由单一到综合，体现了教材作为例子的循序渐进的过程。本课作为本组的首篇，人物相对单一——只有两个主要人物：小嘎子和小胖墩儿，描写方法也相对单一——着重抓住人物的动作来刻画，文中对小嘎子摔跤时的动作从不同的方面进行细腻描写，还夹杂一句心理活动描写。本组要求"感受作家笔下鲜活的人物形象，体会作家描写人物的方法，并在习作中学习运用"，此要求比第五组"要理解主要内容，感受人物形象，体验阅读名著的乐趣"的要求更高了，它的着力点在于"在习作中学习运用"。文中对小嘎子摔跤时的连续动作描写极为细致，可以作为改变学生以前写文章时动作描写简单化、割裂化的一个推动。

　　综上所述，在本课的教学中，应以文本为载体，聚焦动作描写，层层剥茧地体会人物鲜明的个性，指导以动作描写出人物个性，实现从语识到语用，提高学生的语文素养。

二、案例描述

【片段1】聚焦动作，还原故事。

师：课文中哪部分主要讲摔跤的过程？

师：第三自然段。

师：是呀，精彩的摔跤比赛开始了，小嘎子和小胖墩儿做了什么赛前准备？

生："俩人把'枪'和'鞭'放在门墩儿上，各自虎势儿一站，公鸡鹐架似的对起阵来。"

（出示：PPT）

师：请同学们自由读一读。谁来读一读？

生：（读）

师：小嘎子和小胖墩儿做了什么动作？

生：（表演"虎势儿一站"的动作）

生：（表演"虎势儿一站"的动作）

师：大家观察他们的眼神、手、表情。"虎势儿一站"的过程中在想什么？

生：他们都想赢。

师：是呀，他们谁也不让谁。咱们齐读一遍。

生：（齐读）

师：摆好阵势之后，较量马上就开始了，他们是怎么摔的呢？（指名汇报）

生：起初，小嘎子精神抖擞，欺负对手傻大黑粗，动转不灵，围着他猴儿似的蹦来蹦去，总想使巧招，下冷绊子，仿佛很占了上风。可是小胖墩儿也是个摔跤的惯手，塌着腰，合了裆，鼓着眼珠子，不露一点儿破绽。两个人走马灯似的转了三四圈，终于三抓两挠，揪在了一起。这一来，小嘎子可上了当：小胖墩儿膀大腰粗，一身牛劲儿，任你怎样推拉拽顶，硬是扳不动他。

（出示：PPT）

师：（出示自学要求）请大家自由读，圈出描写人物动作的词语；然后分角色（旁白、小嘎子、小胖墩儿）抓住人物动作的词语演一演。

（小组学习）

师：人物动作的词语有哪些？

生：围着、蹦来蹦去、塌着、合、鼓着、转、三抓两挠、揪、推拉拽顶、扳。

师：同学们，请你们抓住这些动词演一演，允许有导演、有演员。开始。

（学生分组演，非常热烈）

师：你们演得真精彩，哪组先来？

（一组演）

师：帅哥导演，您觉得他们演得怎么样？哪个动作演得好？

生（导演）：推拉拽顶。（生再做这几个动作）（掌声）

师：演员，总应该还有进步的空间，你觉得哪个动作还要改进？

生："走马灯似的转了三四圈"还没有演好。

师："走马灯"必须两个人同时转。（学生再演这个动作）

师：在座的观众们，你们有什么建议或意见？

生：小嘎子怎么感觉比小胖墩儿的力气还要大？

师：那你怎么就感觉不应该比小胖墩儿大呢？

师：体形上，小胖墩儿应该力气大。

生："拽"的动作没演好。

生：小嘎子没占上风。

师：那你出来演一演，小胖墩儿还是你，小嘎子变成他了。开始。

（两生再演）

师：他们不仅蹦来蹦去，还想——

生：下冷绊子。

师：请你们小组针对刚才提出来的建议再演一演，看有什么改进的地方。

（学生分组再演）

【片段2】聚焦动作，揣摩心理。

（一组演）

师：（采访）小嘎子，你为什么围着他蹦来蹦去？

生：因为他比较胖，速度有点慢，想绕到他后面绊倒他。

师：我明白了，就是想给他下冷绊子。

师：这小嘎子怎么样？

生：很灵活。

师：写到黑板上。（学生板书：灵活）

师：（继续采访）小嘎子，你又是推拉拽顶，又是三抓两挠的，你想怎样？

生：我想把他扳倒。

师：你们还看出这是个怎样的小嘎子？

生：聪明的，有计谋的。（学生板书：有计谋）

生：不服输。

师：有个词叫作——

生：争强好胜。（学生板书：争强好胜）

师：（采访小胖墩儿）小胖墩儿，你看小嘎子这么灵活、有计谋，你怕不怕？

生：不怕，我体形大，他转我也转。

师：这是个怎样的小胖墩儿？

生：有自信的。（学生板书：自信）

生：沉着。（学生板书：沉着）

师：所以说，小胖墩儿是个摔跤的惯手。明白什么叫惯手吗？

生：高手。

生：能手。

师：最后，小嘎子有些（沉不住气）了，使用了最后一招（勾）。这也产生了这场摔跤比赛的结果——请读。

PPT：小嘎子已有些沉不住气，刚想用脚腕子去勾他的腿，不料反给他把脚别住了，小胖墩儿趁势往旁侧里一推，咕咚一声，小嘎子摔了个仰面朝天。

师：摔跤比赛以小嘎子摔了个仰面朝天而结束。谁能说说这篇文章用了什么方法突出小嘎子和小胖墩儿的性格特点？

生：动作描写。

师：请同学们写在课题旁。

【片段3】聚焦动作，写出个性。

师：小嘎子有着争强好胜的特点，第一次摔跤比赛输了，他会服输吗？（不会）所以有了第二次摔跤比赛，结果如何？

（请一学生读）

小嘎子越想越气，用胳膊肘往小胖墩儿的肚子上一顶，小胖墩儿一松手，小嘎子就摔在了泥地上。两人，一个揉了揉肚子，一个搓了搓摔疼的屁股。不一会儿，又揪在一起了。小胖墩儿使出了浑身的力气，就是站在那里不动，任凭小嘎子用什么办法。小胖墩儿叉着腰，心想：我就是不动，看你能把我怎么着。小嘎子觉得这样斗不过小胖墩儿，两只眼睛滴溜溜地转。这时，只见小嘎子抱住小胖墩儿的腰，往他那肥肥的肩膀上一咬，"啊！"小胖墩儿松开手，摔倒在地上。

师：听到"啊"你们为什么笑了？

生：小嘎子使了阴招，咬人了。

师：结果他赢了，但好像赢得——

生：不光彩。

师：换一个词。

生：胜之不武。

师：两个摔跤片段的描写，你发现有什么共同的地方吗？

生：都是用动作描写来表现。

生：而且这些动作是一连串的，不是简单的一两个。

生：不同性格的人物，他的动作是不一样的。

师：是呀，一系列的动作描写就刻画了一个机灵的、争强好胜的小嘎子，一个沉稳老实的小胖墩儿。下面，我们试着运用动作描写的方法来表现人物的性格特征。

师：请看——

情境1：近了，更近了，组长终于来到他的身边，像一座泰山定在他面前，嚷道："快交作业，快交作业！"

师：现场采访：谁是数学科代表，这样的场景你一定经历过，哪个同学交本子时给你留下的印象最深刻？

生：他。

师：能不能告诉我你是怎么交作业的？

生：我的嘴向两边撇，说："等会儿，等会儿。"

师：我们把同学们交作业的动作写一写。

（学生写，老师巡视，以一面、两面、三面红旗给学生不同层次的评价）

（学生展示）

师：大家看看他用了什么好词，看出这是个怎样的孩子？

生：他嘴角一撇，嘴里不停地嘟囔着，然后把书包重重地扔在桌上，抽出作业，"啪"，甩给组长，拉开自己的座椅自个儿坐了下来。

师：掌声送给他。你觉得你刻画了一个怎样的孩子？

生：倔强。

师：请你展示。

生：她匆匆从书包里拿出作业本，轻轻地把它抹平，小跑着来到组长面前，双手递上作业本，看着组长安全地放好以后，才转身回到自己的座位。

师：这两个同学的描写抓住了哪些动词？刻画的同学的性格一样吗？

生："撇、嘟囔、扔在、抽出、甩给、拉开、坐"，这个同学的个性很倔强。

生："拿出、抹平、跑、递上、看着、转身"，这是一个谨慎的同学。

师：同学们，每一个同学就是一个作者，一篇文章就是一个作品。

【片段4】聚焦个性，延伸阅读。

师：今天我们学习的课文，节选自中国当代著名作家、电影编剧家徐光耀先生的中篇小说《小兵张嘎》。这部小说在20世纪60年代曾经改编成同名电影，影响了几代人。1980年，小说和电影分别获得第二届全国少年儿童文艺创作一等奖，最近又改编成了电视连续剧。有条件的同学可以课外阅读《小兵张嘎》。已经看过《小兵张嘎》的同学可以看看《窗边的小豆豆》《淘气包马小跳》等。

三、案例反思

语文课的教学实践，是"教"与"学"的有机结合。教师的教，应该立足于深入的文本解读基础上，基于学生原有知识水平的提高，要为学生学习运用语言文字服务。所以，我们的课堂、教师的语文实践是"教语文"，而非"教课文"，学生的语文实践，则是"学语文"，而非"学课文"。因此，在《摔跤》的教学中，我立足于语文学科，以教材为载体，聚焦动作描写，以演读为教学支点，指导写出人物个性，凸显语文的学科特点。

（一）聚焦动作，还原故事

我改变逐段、逐句教学的模式，在"演"中聚焦动词，抓住这些关键的动词，既是对故事的还原，也是体会作者用词的准确性。在整节课中，我主要采用"分解过程，细化动作，进行表演，练习描写"的教学手段，其中以"演读"为教学支点还原故事。整节课一共演了三次：一演，了解怎么摔跤；二演，揣摩心理；三演，感悟人物形象。

我根据小学生的生理和心理特点，设计了表演环节，不是为了玩乐，而是指向内容、指向理解的表演。学生根据课文描写，通过表演重现小嘎子和小胖墩儿的摔跤情景，极大地激发了学生兴趣，他们认真研读课文，小组合作，有旁白，有演员，有导演，在实践活动中完成了语言文字的理解、揣摩和表达。如"请大家自由读，圈出描写人物动作的词语，在小组里演一演"，学生找到描写人物动作的词语"围着、蹦来蹦去、塌着、合、鼓着、转、三抓两挠、揪、推拉拽顶、扳"，并以小组演、展示演的方式演绎他们对这些动作的理解，不断地修正"推拉拽顶"的分解动作、"走马灯似的转"等。在一个又一个"小导演"的指导下，逐步地接近文本，还原故事。

（二）聚焦动作，揣摩心理

学生在演读中聚焦动作，还原了故事。那文中为什么小嘎子要围着小胖墩儿蹦来蹦去？小胖墩儿的做法怎么跟小嘎子不一样呢？这些是人物不同个性的动作呈现，探寻人物的心理想法就显得十分有必要。根据学生的疑问，我设置了一个"采访表演者的想法"的环节。于是就产生了课堂上看似随意地把"小嘎子"拉到一边，悄悄地问他："小嘎子，你为什么这样做？""你看小胖墩儿的身形这样膀大腰粗，你怕吗？""胖墩，小嘎子围着你蹦来蹦去，你是怎样想的？"让学生置身其中，畅所欲言，"因为他比较胖，速度有点慢，想绕到他后面绊倒他""我想先把他扳倒""不怕，我体形大，他转我也转"。学生在一次又一次的角色置换中，根据小嘎子和小胖墩儿的表现给予评价——"机灵、争强好胜、富有心计"和"沉稳、老实"。

小嘎子和小胖墩儿的动作、性格跃然纸上，而且在看似随意的追问中，理解了"猴儿、膀大腰粗、下冷绊子、推拉拽顶"等词语。这是在演绎中的语文学习的推进，看似无意，却是有心，更是巧妙。

（三）聚焦动作，写出个性

学习语文，目的在于理解、习得和运用语言，我们还要回到语用本身。针对五年级学生对人物的刻画中有动作描写，但大都比较零碎、简单，缺乏个性的通病，我以此进行写法的迁移，着力指导学生以人物的动作描写凸显人物个性，以实现语识与语用的链接。

课上，我引导学生思考"两个摔跤片段的描写，你发现有什么共同的地方吗"，使学生体会到了"都是运用动作描写来表现"，"而且这些动作是一连串的，不是简单的一两个"，"不同的人物性格，他的动作是不一样的"。于是，我激励学生试着运用一系列动作描写的方法来表现人物的性格特征。许多教师，在此处练笔的选择上，都会选择对第二次摔跤过程的描述，但我认为这与教材本身存在重复性，不利于我们认清学生的知识是否增长，指导学生提高原有水平。因此，我根据杭州娃哈哈小学（当时参加"百千万人才培养工程"——"名教师"培训，在杭州上展示课）五（3）班同学交作业的不同动作表现，设置了"通过描写同学交作业去刻画不同人物个性的练笔：组长终于来到他的身边，像一座泰山定在他面前，嚷道：'快交作业，快交作业！'"既激发了学生写作的热情，又训练了以一系列的动作描写人物的方法，力求做到阅读为写作服务。学生结合日常的观察，刻画了"倔强的、谨慎的"等个性鲜明的学生，学生的动作描写变得细致、丰富了，这是在原有水平上的提高。我还根据他们对动作描写的掌握程度，给予了"一面旗到三面旗"不等的评价，有一定的激励导向作用。

（四）聚焦个性，延伸阅读

课堂教学不是一个圆形的完整结构，学完了课文并不意味着知识学习的结束。小学生阅读能力尚在形成阶段，我们要指导学生进行"以一篇带多篇"阅读，拓展阅读空间。

《摔跤》作为五年级下册第七组"作家笔下的人"专题的首篇，选自徐光耀的小说《小兵张嘎》，贴近学生的生活，而且人物相对单一——只有两个主要人物：小嘎子和小胖墩儿，描写方法也相对单一——着重抓住人物的动作来刻画，文中对小嘎子摔跤时的动作从不同的方面进行细腻描写。这些特点，学生爱读、易体会，但是仅仅局限于文本的片段，显然是不够的。于是我在课上拓展阅读了小嘎子和小胖墩儿第二次摔跤的片段，这样拓展了阅读的空间，除了领会抓住动作描写人物的鲜明个性以外，更是感受小说中语言的魅力，与电视剧以色彩、声音等直白的呈现相比，其味道是不一样的——那是语文味！课末，我指出其文学价值，鼓励学生阅读："《小兵张嘎》的小说和电影分别获得第二届全国少年儿童文艺创作一等奖，有条件的同学可以课外阅读《小兵张嘎》，已经看过《小兵张嘎》的同学可以看看《窗边的小豆豆》《淘气包马小跳》等。"由此，我把学生的阅读从课内延伸到更多的描写人物个性的优秀文学中，丰富学生的语言积累，提升他们的语文素养。

综观整节课，读和演，贯穿整个教学过程。在演读当中，聚焦动作描写，达成了学生与文本之间的融合，层层剥茧地体会人物鲜明的个性，在迁移写法中实现从语识到语用，学生的语文素养得到不断提升和发展。

（五）板书设计

小嘎子	小胖墩儿
？	？
机灵	沉稳
争强好胜	老实
富有心计、机敏	

第三章

3

提炼教学研究，
提升成长的高度

多元整合，阶梯训练，突出个性

——小学低年级"读写结合"的行动策略研究

《语文课程标准》指出：小学语文的根本目的是"培养学生热爱祖国语言文字，具有正确理解、运用祖国语言文字的能力，掌握基本的语文知识和方法，养成良好的习惯"。其中，读写结合既是小学语文教学的一个传统话题，更是一个与时俱进、永远创新的话题。

在小学语文新课程教学中，如何把学生的阅读与习作有机结合，在充分的阅读中张扬个性，成为当前小学语文教师十分关注的问题。但是在实践中，许多教师在语文教学中将"读"与"写"孤立地、封闭地进行，没有做到读写结合，同步发展，因而导致了学生阅读兴趣不浓，阅读需求不高，写话难，不知写什么、怎样写。

一、现状及原因简析

（一）学生的写话现状——一个模子印出来

在一二年级的语文写话练习中，我们不难发现这样一种结果：很多学生的看图写话就只含有四要素：时间、地点、人物、干什么。如图3-1所示。

图3-1　一年级下册第二次练习的一幅图

学生1：放学了，同学们在教室扫地。

学生2：放学了，同学们在教室打扫。

学生3：放学后，五个小朋友在教室打扫。

……

显然，在一年级下学期，学生的写话水平还停留在这样一种状态，实在令人担忧！生硬的文字，简单的套路，有错吗？没有！但，好吗？——不好！缺的是什么？——缺的是学生个体情感的体现，自主表达的自由。

（二）教师的教学现状——一种模式灌下去

许多教师在指导低年级写话时，仍然沿用过去的一些做法，如围绕"谁、在哪儿、在干什么"来写话。我觉得这种做法值得探讨，忽略了孩子思维的发展。

很多教师为了迎合考试的需要，教会学生把握了整体，却忽视了图的细节，扼杀了学生的个人感受。其实低年级的孩子的情感是最真实、最丰富的，但教师没有引导学生充分发挥自己的想象力，完全没有"天真烂漫，童言无忌"的学生感觉。教师们，学生的生活应丰富多彩，感情坦白而直露，他们眼里看到的世界远比成人看到的丰富得多，所以，看图写话不仅要让学生写出图中的内容，更要鼓励学生发挥丰富的想象力，体现在语言表达上，也应新鲜生动，具有个性。

（三）评价者的困惑——我该给谁打高分

许多教师对一年级第二学期写话的要求是能写出"时间、地点、人物、干什么"就行，甚至说"不要写那么多，写多错多"，这样一种模式灌下去的做法，扼杀了许多喜欢自主表达的学生的积极性。他们想表达，但许多字不会写，怎么办？因此，这些学生的写话本上就会出现许多的拼音，甚至是错的拼音，一些量词、标点的用法也不够准确，教师该如何评价呢？如图3-2所示。

图3-2　一年级下册写话练习例图

学生1：星期天，我和妈妈去公园玩，看见花儿很漂亮。

学生2：星期天早上，我和妈妈到公园玩，那儿的花多piāo liàng，我去zāi，妈妈叫我不要zāi。

学生3：星期六的早上，我和妈妈来到了美丽的公园，我看见一duī duī花很好看，我就去ná花。妈妈说：不要zhāi，要爱护花草树木。

对于以上三个学生的写话评价，我们可以看到学生1基本能把四要素写出来，也没有什么错别字，很多老师就会打满分。学生2写得比较具体，但有一定的错别字，如"piāo liàng、zāi"。学生3的水平相对较高，有形容词、量词的修饰，有个人的感受，有语言的描述，但他也存在一定的问题：一duī duī花、ná花。对于学生2和学生3，老师们会不由自主地扣一点分。这样的评价，我认为是不妥当的，如果仅仅因为学生的错别字就扣分，忽略了学生表达的丰富，这是不是我们教育存在的"本末倒置"呢？

二、我们思考：为什么进行"读写结合"策略的研究

2011年版《语文课程标准》低段写作要求："对写话有兴趣，写自己想说的话，写想象中的事物，写出自己对周围事物的认识和感想。在写话中乐于运用阅读和生活中学到的词语。"——这就是写话的指导法宝，着力强调的是——致力于培养学生的语言文字运用能力。

当下，很多教师在教学中把阅读与写话割裂开来，使写话学习与阅读教学脱钩，重"人文"轻"语言"，即重理解全文内容、轻学习表达形式。语文工具性的萎缩，忽视读写结合是使写作学习与阅读教学脱钩的重要原因。本校学生写话训练已经到了一个极其重要的时刻，必须进行相关的研究来改变现状。针对上述读写方面存在的问题，找到一条行之有效的策略尤为重要。

三、实践与探索

带着这种思考，我在一年级的教学中，仔细分析、梳理每篇课文，从文本中找寻教材中的读写结合点，进行读写结合，以读促写。我们主要从以下几个方面进行研究。

（一）梳理教材，找点训练，有本可依

教材是学生练习写话的一块肥沃土壤，让学生"依葫芦画瓢"写话，或变换句式进行说写，或拓宽句子的内涵进行外延说写，对于低年级孩子来说，是跳一跳就能摘到的"果子"。小学语文教材的语言训练内容，大体上可分为两类，一类是规定性的训练内容，如各单元的训练点、课文后面的作

业题、课文的生字和词语；另一类是选择性的训练内容。我与课题组组员、任课教师梳理出适用于一年级的"读写训练点"，主要分为"词语训练点"和"句子训练点"。

表3–1　一年级上学期词语训练点

课题	课中例句	训练点
课文4《哪座房子最漂亮》	青青的、白白的 ……	用叠词描写事物的颜色和形状：_____的
课文5《爷爷和小树》	暖和的衣裳 绿色的小伞 ……	正确搭配词语来描写事物的特点：暖和的_____，绿色的_____ ……
语文园地三 识字（二）课后：我会说	一条小狗 几朵野花	正确使用量词
第13课《平平搭积木》	很多很多的房子	很___很___的___
……	……	……

表3–2　一年级上学期句子训练点

课题	文中句例	写话训练点
识字（一）3《在家里》	爸爸在看报。	谁在干什么。
语文园地一读读说说	乐乐洗水果。 妞妞拍皮球。	谁干什么。
语文园地二	我家门口有一棵小树。	哪里有什么。
课文7《小小的船》	弯弯的月亮像_____。	初步运用比喻句描写熟悉的事物。
……	……	……

（二）多元整合，阶梯训练，突出个性

1. 丰富词汇，积累铺垫

新课标也要求低年级学生能"结合上下文和生活实际了解课文中词句的意思，在阅读中积累词语"，并且"在写话中乐于运用阅读和生活中学到的词语"。我们逐渐认识到作为一名低年级语文教师，在阅读教学中应该根据词语的不同特点，采用灵活多样的方法帮助学生理解这些词语，并以此为切入点，加深对文本的体会。在小学低年级，有效的字词教学固然必不可少，但教师更要善于找准字词和生活之间以及字词和文本之间的联系，关注词语

在表达中的作用，寻找读写结合点，把它们运用到写话教学中去，以提高语文课堂的实效。

如在《哪座房子最漂亮》一文中出现有特点的词："青青的""白白的""大大的""宽宽的"。教学中我通过反复朗读来促进学生的理解，培养学生语感。老师说；"你还知道白白的什么？"生回答："白白的云""白白的棉花""白白的花"……同学们七嘴八舌地说出了许多词语。通过这样的训练，不仅加深了对词语的理解，也有效地加强了文字和生活之间的联系。在说完"白白的"后，我引导学生说其他的词语："你还能说出其他类似的词语吗？"学生就说了许多，如"绿绿的""红红的""蓝蓝的"等，我引导他们说出"_____有绿绿的_____""_____有红红的_____"等，学生表达的情绪就高涨极了，纷纷举手发言：公园里有绿绿的小草；树上有绿绿的树叶；花园里有红红的花朵；天上挂着红红的太阳……

通过这样的读写结合，让学生运用刚从文中学到的某种语言形式，去转换、丰富课文内容，加深了对课文内容的理解。同时，也能促进学生多角度、有创意地去感受、理解、欣赏词语、运用词语。

2. 句式模仿，完整表达

由于低年级学生的年龄特点，语言表达往往零碎、散落，缺乏完整性。如果教师能根据需要循序渐进地给学生提供适当的句式，就为他们搭建了语言表达的支架，变难为易，变零散为完整，使孩子有话会说、会写。

我国著名教育家叶圣陶曾说："语文教材无非是个例子，凭这个例子要使学生能够举一反三，练习阅读和写作技巧。"低年级的学生，模仿能力强，我们可利用这个特点，精心选择易于模仿的课文片段，对学生进行有效的写话训练。在指导一年级下册第20课《司马光》时，我是这样引导学生写话的：

师：一个小朋友掉进缸里了，小朋友们有什么表现？

生：别的小朋友都慌了，有的吓哭了，有的叫着喊着，跑去找大人。

（学生自由读句）

师：谁能演一演这两个小朋友的表现？

（两学生演）

师：文中用了哪个词语将他们的表现说出来？

生：有的。

师："别的小朋友还会有什么表现呢？出示：别的小朋友都慌了，有的_____，有的_____。

生：别的小朋友都慌了，有的张大嘴巴不会说话了，有的吓晕了。

师："有的"这个词多好啊，写出了小朋友们的不同表现，在课间我们的表现也不一样，看（图片），你能用这个词语说一说吗？

生：下课了，小朋友有的跳绳，有的打篮球。

生：下课的时候，同学们有的在跑步，有的在跳高。

生：课间可热闹了，同学们有的在打篮球，有的在踢毽子，他们玩得真开心。

师：你的眼睛真厉害，不仅看出了他们在玩什么，还观察到他们的心情——开心。还有谁也能这样说一说。

生：小朋友们有的在跳绳，有的在跳高，玩得十分高兴。

生：同学们有的打篮球，有的跳绳，玩得多开心啊！

我在指导运用"有的_____有的_____"之后，再引导他们说出心情，形成一个比较完整的表达。接着，我再引导学生去说花坛里不同颜色的花、吃过饭后家里人的不同表现、办公室老师的表现等，学生在不同的情境中找到了写话的方式，写话的水平明显提高。

3. 文图相融，具体表达

一年级课本中的插图，以它们艳丽的色彩、栩栩如生的画面深深吸引了学生们的目光。插图是教材的"第二语言"，作为课堂教学资源的一部分，具有形象性、直观性、趣味性、启迪性等特点。在教学实践中，只要老师充分发掘，就能让插图"活起来"，使它们"开口说话"。

在教一年级下册《春雨的色彩》一课时，在熟读课文的基础上，我先让学生们按顺序观察教材插图，用一两句话描述春雨下起来的景象，我还鼓励学生结合自己的生活说具体、写具体。如学生写道：

春天到了，春雨下起来了，小草绿了，红红的桃花开了，燕子高兴极了。

春雨过后，各种花都开了，小河里的水多了，小鸟也在天上飞来飞去。

一场春雨后，小鸟在天空开心地飞来飞去，好看的花朵也露出了笑脸，小草更绿了，我看到这么美丽的景色，多么高兴啊！

课文插图是小学语文教学中不可忽视的教学资源。在实际的教学中，只要老师多动动脑筋，让插图与文本相融，真正为"我"所用，就能够有效地帮助学生提高语言表达能力，甚至达到超越文本表达的效果。

4.填写歌词，乐于表达

低年级学生由于年龄特点，往往能说而不善于写。为了激发他们的写话兴趣，我在教学中将课文中的词语结合学生耳熟能详的歌词，力求转换一种方式，扩充他们的写话素材，引导他们把话写好。

如在一年级下册识字1中出现了许多描写春天的词：

春回大地　　　　万物复苏

柳绿花红　　　　莺歌燕舞

冰雪融化　　　　泉水叮咚

百花齐放　　　　百鸟争鸣

如何将这些词语灵活地运用在学生的写话中呢？我利用低年级学生爱唱爱跳的特点，引导学生以歌词的形式说说自己在春天里看到了哪些景物：

例1：春天在哪里？春天在哪里？春天就在那_____，这里有_____，这里有_____，还有那_____。（采用《嘀哩嘀哩》的歌词形式）

例2：田野里，有_____；树林里，有_____；小鸟小鸟，你自由飞翔。（采用《小鸟小鸟》的歌词形式）

学生在优美的旋律中快乐地积累运用好词，学习气氛特浓，学习效果甚佳。

5.一言多式，丰富表达

从低年级学生写话实践情况看，句式种类比较单一，这与他们的知识储备有限，生活经历简单有很大关系。为了丰富同学们的语言表述形式，有必要在教学中有意识地引导同学们"一话多说"，感受不同句式的表达作用。

在第10课《松鼠和松果》：他高高兴兴地走进大森林，摘了一个又一个。我是这样引导孩子体会松鼠高兴的不同写法的：

师：你体会到小松鼠什么心情？

生：高兴。

师：文中那个词语表现出它的心情？

生：高高兴兴。

师：还可以换成什么词语？把这个词语放进去读一读。

生：开开心心，他开开心心地……

师：我们还能把这个句子换一种说法来表现小松鼠的高兴吗？

生：他走进大森林，摘了一个又一个，多高兴啊！

生：他高高兴兴地走进大森林，摘了一个又一个，笑得多开心啊！

……

同学们七嘴八舌地说出了许多句子。通过这一训练，使同学们直观地认识到：同样的意思可以有不一样的说法，以后说话就会努力尝试用不同的句式来表达，以此改变学生表达单一呆板的现状。

四、感言与反思

在实际操作中，我们深深体会到"读写结合，以读促写"的写话训练是一个漫长的过程。在低年级的语文教学中，教师要充分利用教材，举一反三，对学生进行读写训练。读中学写，虽然落脚点在"写"上，但它的实际意义是写与读的相互促进与共同提高。

但在研究中，我们发现不是课文中的每一个语言材料都可以作为训练的材料，而是需要教师精心审读、分析，找准和把握读写结合的"点"。但选择恰当的训练内容是一件细致而复杂的工作，我们既要总揽小学生语言发展的全局，又要深入钻研教材，把握课文的语言特点，还要了解学生的实际语言水平，才能精心选择语言训练的内容，确定好读写结合点。只有这样，学生才能真正实现"乐于说，乐于写，写出个性"，有效地实现低年级"读写结合"的目标。

借助信息技术，优化绘本"悦"读中的读写互动

绘本阅读作为一种新型的阅读题材，走进了我们的课堂，为我们打开了一扇新的窗户。什么是绘本？简单地说，它是一本书，一组图画，去表达一个故事，或者一个主题。它的特点就是"画面的连贯性"，它不需要文字，图画就可以讲故事，这是绘本的典型特点，即"画中有话"。

但是，农村小学家庭条件的不足和学校配备的不全，难以满足孩子们阅读绘本的需求，在教学过程中，信息技术为学生建立了一个立体式的学习情境、动态的教学环境，可以开阔学生的视野，丰富学生的想象力，充分激发了学生的学习兴趣。教师利用信息技术，充分开发和利用了绘本中的"对话"资源，有层次地将绘本阅读与语用连接起来，每一次从图到文，又从文到图，都是循序渐进，梯度进行的，使学生读的欲望、猜的好奇、说的激情、演的热情、写的积极性都被调动起来。

一、显现意境，实现多元阅读

意境是指艺术创造特别是诗歌创造所达到的一种能令人感受领悟、玩味无穷却又难以明确言传、具体把握的艺术境界，它是形神情理的统一，虚实有无的协调，既生于意外，又蕴于象内。绘本中的图画就是意境，信息技术将绘本的语言符号转换成具体可感、立体灵动的意境，学生凭借直观可感的意境去感知、猜想、融入故事中，从而实现多元阅读。

（一）读图感知故事

色彩斑斓的图画，总会让孩子的眼睛变得明亮，他们对图画就容易产生好奇的情感，这就是绘本的张力。绘本好比供儿童看的一部电影，它既展示

出宽广的视野，又有细节的特写，更有极其有趣的故事情节。借助信息技术手段，用实物展示台和彩色投影仪播放精致的大画面，让故事像电影一样震撼，让每个孩子都可以领略大师的绘画杰作，将孩子带入故事的情境之中。

在学习阅读绘本《和甘伯伯去游河》的过程中，在指导观察第一幅图画时，教师说："请同学们看图，你看到了哪些小动物？"学生有序观察，发现了牛、鸡、兔子、山羊等小动物。教师以学生喜欢的小动物吸引了学生的眼球，激发了学生的兴趣。在指导看第二幅图时，教师再问："他们坐在甘伯伯的船上可能去干什么呢？"学生说道："他们有可能去游河。"教师就追问"什么是游河"，学生根据自己的理解，明白了"他们和甘伯伯一起坐在船上去看风景"。教师引导学生观察小女孩和小男孩的样子和动作，学生发现了"她没有扎头发，也没有穿鞋子""脚上没有穿鞋子""她的脚步很大""小男孩拿着一根芦苇"等，图画中夸张的描绘偏离了学生的实际生活，却更能激发他们的兴趣。就这样，学生通过看色彩丰富的图画，就已经感知了故事的主要内容，他们对故事从视觉的好奇到心灵的需求转变：到底这个故事中每个动物做了什么呢？他们之间发生了什么事呢？对于学生来说，这是有效阅读的出发点。

在教学中，利用信息技术，制作Flash动画或幻灯片反复播放故事图片，让学生们一次次感受绘本内隐藏的故事，一遍遍地讲述自己发现的故事。

（二）猜读想象故事

多媒体播放绘本展现一幅幅场景，极大地引起学生的兴趣。学生们可以从连续的页面中找到故事角色的变化，还能发现一些隐藏的细节。

在学习阅读绘本《和甘伯伯去游河》的过程中，教师引领学生们根据动物请求甘伯伯去游河进行猜读，使课堂弥漫着想象的色彩。在了解了甘伯伯答应了小男孩和小女孩的请求去游船后，老师问："经过一片玉米地的时候，哟，谁又走过来了呢？""它们想干什么呢？""是吗？你们是从哪里看出来的？"学生根据已有的内容进行猜想"公鸡走过来了""也想和甘伯伯一起去游河""因为那只小鸡把翅膀都扇起来了"。接着，老师再引导学生继续猜"甘伯伯说什么呢？"孩子们就推理出来了——"行是行，但是不能扇翅膀。"当学生根据公鸡的动作来猜测他们说话的内容后，老师才通过多媒体的Flash动画揭晓原文——鸡（扇着翅膀），也说："我们也去行不行？"甘伯伯说："行是行，但是你们不能扇翅膀。"让学生读。同样猜读的方式也用到了山羊身上。可以看出，每位学生都希望自己猜的能和绘本描述的一样，老师引导学生大胆想象猜测，极大地满足了他们的好奇心和成就感，他们的阅读热情高涨。

（三）演读融入故事

视频动画浅显易通，是一种直观的展现方式。它不仅可以像其他的课件开发软件一样将文字、图像、动画、声音等信息有机结合并加以控制，通过各式各样的设计为教学服务，增强教学效果，提高教学效率，优化绘本阅读的教学过程。在学习阅读绘本《和甘伯伯去游河》的过程中，播放了视频动画后，教师又转换了一种方式，让学生边读边演，变静为动。在明白了"我们可以用不同的方式来请求同一件事情"后，教师设计了演读这一环节，她让学生选择一个喜欢的小动物，与同桌演一演：他们会怎么做动作来向甘伯伯请求，甘伯伯会怎么说。学生们可兴奋了，演得活灵活现：

生1：小狗叫着，说："甘伯伯，我能加入你们吗？"

师（指导）：小狗怎么叫？

生1：小狗吼吼地叫着，说："甘伯伯，我能加入你们吗？"

生2：欢迎欢迎，但你别招惹了猫。

生1：小猪甩甩尾巴说："甘伯伯，我能加入你们吗？"

师（指导）：把尾巴甩起来。

生1：小猪甩甩尾巴说："甘伯伯，我能加入你们吗？"（学生边做动作边说）

生2：行是行，但你不要乱摇尾巴。

生1：绵羊抬起蹄子，说："甘伯伯，我和您去行不行？"（学生边将两只手抬高边说）

生2：行是行，可是你不能抬着蹄子上船去。

在一遍遍的演读中，学生把自己当成了小动物，俏皮的动作、生动的语言，实在令人赞叹，就这样，他们轻轻松松便融入了故事，获得了真切的体验，甚至比视频中的动画演得更生动！

二、情景交融，聚焦语言运用

王尚文先生说："语文教学的焦点应该是话语形式，即怎么说，而非说什么。"有的教师笼统地介绍某些表达方式用得好，对究竟好在哪里的探究却浅尝辄止，没有引领学生沉入语言中去心领神会。究其原因，有的教师说这是只能意会，难以言传。我认为，信息技术可以辅助我们"言传"言语形式之妙。

（一）音乐感染，煽动表达

音乐，是开启人们感情闸门的钥匙。它是用具体的音响表现出的听觉形象，从而使人们通过听觉，深深地感受作品中表达的思想感情并产生强烈的共鸣。在绘本阅读中，通过多媒体将合适的音乐作为朗读的配乐能拨动师生的心弦，它的旋律和节奏在人的心理世界中，引起和打动人的思想，甚至可以给人带来清晰可见的图景。

在绘本《奶牛的埋伏》的阅读中，为了理解什么是"吓唬"，教师选取了一段《惊愕交响曲》，音乐旋律中突然出现的响亮音色所展现的情境与奶牛洛克突然扑出来吓唬邮递员的情境相近，之后教师组织学生讨论这段音乐讲了一件什么事。很多学生说突然变大的声音非常吓人，似乎发生了令人害怕的事。通过音乐的倾听和欣赏，学生对"吓唬"有了具体的感受，能够较好地进入绘本所描述的情节中，理解故事的内容。

由此可见，通过多媒体把学生置身于一个有声的艺术氛围中，以音乐煽情，使学生的情绪受到感染，使学生感同身受，这远比那些空洞虚伪的说教来得更为真切！

（二）对比显示，学会表达

吴忠豪教授曾说："让学生学会写作技巧，本身就是阅读课的一个任务，在阅读过程中应该进行语言的积累与运用，即语用。"在信息技术支持下，我们可以反复出现语言文字的对比，进一步体会这样表达的作用。

在学习阅读绘本《和甘伯伯去游河》的过程中，教师紧紧抓住《和甘伯伯去游河》这个绘本的教学点——同一件事可以用不同的语言来表达——展开教学，促成语用的落实。在观察完小女孩和小男孩的画面后，教师出示了两个小孩（吵着闹着），说："我们跟你去好不好？"甘伯伯说："好是好，只要你们不吵闹。"教师有意将"吵着闹着"用括号括起来，这是对原文"两个小孩儿说：'我们跟你去好不好？'"进行的增添，这也是罗老师的匠心之处：特别注意让学生们通过图画对语言文字进行补充，使图与文相配，文与写一致，这样获得的语言既有模仿的基础，又具有可创性，为后面的说和写做好了铺垫，这是实现阅读与语用链接的切入点。

学生在与绘本的交流互动和阅读中规范化使用语言，在情境中有话可说，说规范的语言之后，老师适时出示：如果甘伯伯的船还有空位，还会有哪些小动物想和甘伯伯一起去游河？他会怎么做？怎么向甘伯伯请求？请小朋友插上想象的翅膀，把你所想到的写一写。（　　　　　），说："＿＿＿＿＿＿＿＿？"同样是询问甘伯伯可不可以一同去游河，学生想到小动物们的动作和语言是不一样的：松鼠跳呀跳，说："我也去行不行？"大象甩着鼻子说："我也去行不行？"小鸟扇着翅膀说："甘伯伯，我也去行不行？"熊猫一边吃着竹子，一边说："甘伯伯，我也去好不好？"小猴子蹦蹦跳跳着说："甘伯伯，我也想去行不行？"……老师在写的时候把"甘伯伯会怎么说"这一句删去，致力于突出小动物的动作和请求的语言，而且甘伯伯的回答是对小动物行为的纠正，训练的意义不大。这样的设计，降低了一年级学生写话的难度，也符合低年段"写自己想说的话，写想象中的事物……"这个写话目标。

通过挖掘绘本中的语言规律，利用信息技术，由扶到放，引导可爱的学生们在快乐的阅读中细心观察，发挥想象，学会句式表达。在儿童绘本与写话有机地结合起来的时候，阅读与语用就变得水到渠成。

三、主题推荐，丰富自主阅读

主题教学是围绕一定的主题，充分重视个体经验，通过多媒体，使多个文本碰撞交融，在强调过程的生成性理解中，实现课程主题意义建构的一种开放性教学。

（一）同一题材的拓展

世界绘本的题材多种多样，友情，亲情；勇敢，有礼；尊重生命，保护环境；等等，几乎涵盖了儿童生活、成长的各方面。如《逃家小兔》《猜猜我有多爱你》等成功演绎了特别的表达爱的方式；《是从蜗牛开始的》和《苏菲的杰作》等阐释了爱与付出的真谛；《我把"没有"送给你》和《我好想你》等说明了朋友的表达和存在；《蜗牛快递》《小老鼠亚历山大》和

《达芬奇想飞》等说明了梦想的神奇……我们通过先进的信息技术，上网搜索，引进世界各国的优秀绘本，通过网络下载等手段，让学生能读到更多精美的绘本。

（二）同一作者展开拓展

一个故事的结束，并不能遏制学生们的探究欲，低年级的学生更是如此。在结课前，我们用同一作者在不同时期的相关绘本，凸显了绘本不同的情感内核。如阅读完《和甘伯伯去游河》后，教师引导拓展"作者的绘本系列——《莎莉，离水远点》《莎莉，洗澡了没？》《爱德华——世界上最恐怖的男孩》……大家到图书馆里去找找、看看，你会发现，藏着更多的小故事"。这一系列的书都出自作者Perry Nodelman（佩里·诺德曼），也就是《阅读儿童文学的乐趣》的作者，而且在语言的表达上有很大的自主想象空间，老师引导学生去阅读，给他们指引了一个方向，不留痕迹地引导他们踏上探寻语言的阅读之路。

通过信息技术拓展延伸绘本阅读，教学不再是只阅读了一个故事，而是让绘本阅读洋溢着鲜活的魅力。但绘本阅读的拓展内容必须精心设计，并非简单的一篇带多篇。在教学中，我们应根据绘本的题材特点、内容特点，扩充阅读容量，优化整合资源，扩展绘本阅读的深度、广度。

感谢信息技术带给绘本阅读的润泽，它让学生们爱读、会读、想说、会写。与其说学生们是在阅读绘本，不如说是在绘本中"悦"读。信息技术作为教学的媒体，让学生们在课堂一次次的愉悦体验中，实现阅读与语用的衔接，打开了一片新的阅读天地。

参考文献

［1］吴立岗.教学的原理、模式和活动［M］.南宁：广西教育出版社. 1998.

［2］李漫.通向生命的深处——谈绘本阅读与音乐活动的有机整合［J］. 早期教育（教师版），2013（10）.

［3］吴平华.浅谈运用信息技术改善课程内容的呈现方式［J］.中国校外教育，2012（17）.

［4］阮美好.语文教师的文本解读［M］.北京：中国轻工业出版社，2014.

核心素养语境下小学作文教学的
思维转向

本章提要： "语文素养"是一种以语文能力为核心的综合素养，作文既是课程标准要求的基本能力，也是语文素养蕴含的学识修养和人格修养的重要的呈现载体，是对语文"核心素养"的综合性培育。我们应该在核心素养的理念指导下深化小学作文的教学，转变我们的教学思维，做到从转变顶层观念——让学生成为发展的主体，将指导重心下移——让作文教学常态化，外显评价方式——让评价为延续与起点助力。

"语文素养"这个词汇在新课标中前后共出现十多次，是新课标中比较引人注目的核心概念。全国小语会会长崔峦认为，"语文素养"是一种以语文能力为核心的综合素养，其要素包括语文知识、语言积累、语文能力、语文学习方法和习惯，以及思维能力、人文素养等。语文学科素养加上"核心"后，除了听、说、读、写、思五个方面的知识、能力之外，还要把文学审美、文化价值、思想价值等纳入其中。

作文既是课程标准要求的基本能力，也是语文素养蕴含的学识修养和人格修养的重要的呈现载体。但是，作文难，难作文，成为每一位教师共同纠结的心病。作文的核心素养是什么呢？我觉得它是培养学生鉴赏祖国语言文字，运用实践祖国语言文字，是对语文"核心素养"的综合性培育。如何在核心素养的语境下突破"难作文"的困境？我认为应该转变作文教学的观念、方式、评价的思维。

一、顶层观念的转变——让学生成为发展的主体

强调学生是学习的主人并不陌生，但一般强调的是学生接受知识的积极性、主动性，是把学生当成教学的客体，而核心素养的综合性、生成性，强调的是学生自我活动、自我教育、自我发展。所以，我们强调在以学生为主体的发展下，让作文成为学生生活的再现、心灵的倾诉和思维的外现。

（一）树立作文教学的"大课堂观"

综观我们使用的教材，是相对独立的，很多教师阅读课就是阅读课，作文课就是作文课。我们常常把写作定位为书面表达，忽视了听、说、读等方面对写的促进作用，使作文教学变成了一座"独木桥"。同时，各年段的教师只把各自的年级或单元目标独自训练，如低年级教师注重字词，没有作文意识，间接影响了中年级"段"的建构和"篇"的组成。因此，我们应该打破作文教学的封闭困境，树立一种"大课堂观"，它基于学生的主体性发展理论，强调的是听、说、读、写之间的关联，强调学科之间的融合，关注的是学生的生活，让他们在更广阔的天地里学习语言、运用语言，从而提高学生的素养。

（二）关注课程阶段目标的阶梯性

作文大目标可以逐年级分解为：一、二年级字词、句子，三、四年级片段，五年级篇章，六年级综合提高。作文教学有着不同的年段要求——教学内容的不同、教学要求的不同、教学策略的不同，我们缺乏的是梳理。如习作修改，我们的教材从三年级上册就开始提出要求，如习作二"写完以后，可以读给你写的那个人听，请他评评写得怎么样"、习作三"写好后读给同桌听，根据他的意见认真改一改"、习作八"写完后，把不满意的地方改一改"、三年级下册习作二"还可以把习作读给了解你的人，听听他们的意见，并认真改一改"、习作五"写完以后，读给爸爸、妈妈听，请他们提提意见，再认真改一改"，习作六明确提出习作自改的要求——"写完后，多读几遍，修改自己不满意的地方"……四年级下册第七单元也提出"写完后要认真修改"的要求。语文课程体系使我们明确了修改的重要性及提高的层次性。

因此，我们应该梳理出不同年段作文的不同要求，确定以学立教的理念，不要降低了写作的门槛，也不要过于强调写作的深度，让学生体验成

功，促进素养的形成。

（三）调动学生的感官体验

如果把作文看作语言的"输出"，那么语言的"输入"是什么？我认为是丰富的感官体验，它的重点是让学生产生丰富的生活体验，多参与实践，产生"想表达""要表达"的冲动，然后才会不由自主地想要"输出"。新课标指出：写作要感情真挚，多角度地观察生活，捕捉事物的特征，力求有条理地表达。其中多角度的观察正是要引导学生调动多种感官，如视觉、听觉、嗅觉、触觉去直接感受事物，以自己的全部真情去仔细体味事物。在这样一次次的"输入"中，学生触发自己的思维，形成真切感受和独特见解，才能为语言的"输出"——作文提供养料。

（四）点赞学生的独创性思维

陶行知先生曾说过："人人是创造之人，天天是创造之时，处处是创造之地。"可见，创造思维并不是少数天才的"专利"。学生的经历不同，个性不同，对事物的看法和感受也会不同，写出来的文章也应该不同，可是为什么越写越千篇一律呢？其实，是老师的固化思想磨灭了孩子的好奇心、创新性，他们在一次次的否定中由"异"而"同"。我们要使作文成为学生抒写生活、张扬个性、抒发情感的内在需要。因此，对于学生在作文中表现出来的独创性我们应该加以点赞，不要为了让学生容易得高分，而忽视学生的选材新意；不要为了规矩的开头结尾，而随意否定学生悬念式的开头和结尾；不要为了所谓的段落分明，而批判学生环环相扣的情节描写……我们应该在点赞创意的基础上，对学生的写法提出确切的指导，千万不要因为一些所谓的"瑕疵"去否定学生的独创性思维。

二、指导重心下移——让作文教学常态化

基于语文学科素养的综合性阐述，我们应该认识到作文并不只是作文课上的事，它应该是在一切的学习中适时指导的，指导的重心应该下移到融合在我们阅读的教学中、生活实践里，甚至是虚拟空间的随心创作上。

（一）融合阅读教学渗透写法

"读写分离，两败俱伤；读写结合，相得益彰"，形象地阐述了阅读与作文之间的密切关系。写是靠读来促进的，学生在读的基础上，把阅读的感知形象与脑中的记忆进行衔接和重组，就创造出了一种新的"语言形象"。

在培养写作素养的舞台上，我们的课文为我们提供了许多学习作者观察事物、遣词造句、构段谋篇的方法，融合阅读教学这个大舞台，引导学生习得作文方法和技巧。

《临死前的严监生》是五年级下册第七单元《人物描写一组》中的一篇，这一单元的主题是"作家笔下的人物"，安排这组课文的意图就是让学生进一步感受作家笔下鲜活的人物，体会作家描写人物的方法，并在习作中学会运用。很多教师对这一课的教学只是停留在认识"严监生是一个吝啬鬼"的层面，到底为什么在作家笔下这个吝啬鬼的形象就这么鲜活？教师没有引导学生去关注，把语文的写作知识与人物形象的感悟割裂了。而曾老师就能够关注到语识，融合了人物形象的感悟。在学习严监生的动作、神态的句子的时候，曾老师抓住文中"两根指头"和"三次摇头"这一细节，让学生感悟、思考：严监生已经病得奄奄一息了，为什么还伸着两根指头，这两根指头代表的到底是什么呢？这么多人猜测，却没有一人能真正理解他的内心，他不住地摇头，"那是怎样的摇头？""面对大侄子、二侄子、奶妈一再的误解，此时此刻他的内心怎样？"引导学生体会严监生的急切与痛苦，让学生体会严监生从失望到绝望的心情。让学生意识到严监生把一根灯草看得比生命、亲情、财产都重要，这就是吝啬。最后教师再来一个比较，把"三次摇头"的细节描写简化为"摇头、再摇头、还摇头"，好不好？多写几次摇头，又怎么样？再联系其他名著的描写体会"一波三折"的写法之妙。

曾老师对于这一经典动作和"一波三折"这一语文知识的发现和提取是智慧的，她提醒我们，应该以什么方式、什么模式传授语文知识，而使得这种知识的传递与感悟人物形象融合起来，促成了"语识"向"语感"的转化，促进学生文学审美素养的提升。

（二）依托教材范例尝试创写

在中高年级，我们应该鼓励学生在学习课文形式的基础上从新颖的角度、独具创意的表达来创写。语文教材为学生提供了极为丰富的写作体裁：记叙文、说明文、童话故事、诗歌、剧本、散文、调查报告、文言文等，它潜移默化地为学生架起了一个培养文本意识、练笔创造的空间。

我们都知道，古诗词是凝练的，言简意丰，用极为有限的诗句表达尽可能多的意思，具有凝练和跳跃的特点。我们可以让学生对古诗词的语言进行加工改造，重新组合，重新表达，既可以深化学生对古诗词的感知或理解的准确程度和深度，又创造了语言运用的训练机会，强化了语言的训练力度。在学习《清平乐·村居》时，为了拓展学习，丰富古诗课堂内容，抓住古诗句的景物，让学生展开想象构思成文。这样，辛弃疾笔下一幅幸福和谐的生活场景便跃然纸上，同时，学生也被这种幸福的情怀所感染，一定会回忆起生活幸福的点滴，品尝创作的乐趣。

　　同样，我们可以引导学生将记叙文、散文等创编成诗歌。在教学《祖父的园子》时，我从萧红的生活背景和她的《呼兰河传》入手，介绍萧红短短一生的文学成就，着力引领学生真实地触摸文本，不断地进行品味、感悟、内化，在联系作者生活背景的基础上，让学生实实在在地对文本进行个性化的解读，把长长的散文创编成诗歌，如有的同学写道：

听不见爸爸对我的责骂，

只听见园里蜜蜂的嗡嗡声。

看不见爸爸对我投来那歧视的眼神，

只看见五颜六色的蝴蝶。

园里是自由的，

园里是快乐的。

大草帽栽花，

小草帽栽花。

大草帽拔草，

小草帽拔草。

大草帽种白菜，

小草帽尽捣乱。

摘下黄瓜大口吃，

丢下黄瓜追蜻蜓，

不追蜻蜓玩蚂蚱。

花儿，睡醒了，

鸟儿，闲逛着，

虫子，说起话来了。

一切的一切，

都是自由的。

噢，

那就是祖父的园子……

孩子们一篇篇生动的创写，既融入了自己的理解、感受，提升了文本，又顺势引导学生多读书、读好书，丰富积累，充实文笔，让学生在得到语言文化熏陶的同时，获得语文素养的全面提升。

（三）融通阅读与体验对接抒写

小学语文的四个特征是综合性、生成性、体验性和时代性。它是以阅读为基础的，以生活为源泉的，突出表达这一重点。阅读包括阅读作品和阅读生活，为学生的写作提供了更广阔的空间，学生在生活实践中能捕捉到更多的鲜活素材和感人瞬间，促成了感受和表达的转化。

如《穷人》这一课的教学中有一段精彩的心理描写："她忐忑不安地想：'他会说什么呢？这是闹着玩的吗？自己的五个孩子已经够他受的了……是他来啦？……不，还没来！……为什么把他们抱过来啊？……他会揍我的！那也活该，我自作自受……嗯，揍我一顿也好！'"这段内心独白把桑娜担心、自责、坚定的内心活动刻画得多么细腻！丈夫每天起早摸黑地出海打鱼，也未能解决家里的温饱，可桑娜还抱回寡妇西蒙留下的两个孤儿，丈夫怎么承受这样大的负担呢？这样的心理描写是具体可感的，如何让学生从品读中领悟、积累呢？在引导学生诵读、品悟以后，我又推荐学生阅读高尔基的《母亲》和王愿坚的《粮食的故事》当中的片段：

"我一边跑一边想：看样子是难以逃脱了。扔了米跑吧，山上急等着用粮食，舍不得丢，——而且就是扔了也不一定能逃得脱；不扔吧，叫敌人追上了也是人粮两空。怎么办呢？……这时，洪七还紧跟着我，呼哧呼哧直喘气呢。我听着他的喘气声，蓦地想出了一个法子。可是当我这样想着的时候，我自己不由得浑身都颤抖了起来：儿子，多好的儿子……这叫我怎么跟他妈交代呢。……可是，不这样又不行，孩子要紧，革命的事业更要紧！也许我能替了孩子，可孩子替不了我呀！……"

——王愿坚《粮食的故事》

"完蛋了吗？"母亲问自己道。但是接着颤抖地回答："大约还不妨吧……"

可是，她立刻又鼓起勇气严厉地说："完蛋了！"

她向四周望了一遍，什么也看不见，各种想法在她的脑子里像火花似的一个个爆发，然后又熄灭了。

"丢掉箱子逃吗？"

但是另外一个小火花格外明亮地闪了一下。

"丢掉儿子的演说稿？让它落在这种家伙的手里……"

"那么带了箱子逃吗？……赶快跑！……"

"可耻啊！"

……

——高尔基的《母亲》

学生读了课内外几段经典的心理描写的段落，对于描写人物心理的方法，有了形象的积累，于是我引导他们写一写：

昨天你忘了写作业，老师叫你到办公室，此刻你正走在从教室到办公室的路上……

你代表班级参加四人跑步接力赛，当你站在起跑线上时……

学生心理描写的积累和生活体验得不到对接，学生的作文就只能写成这样的只言片语——"我心里害怕极了"。只有把学生的语言积累和生活体验对接起来，学生才会产生不吐不快的欲望。这样才能促进学生在生活中去观察、去思维、去体验，不再为文而造情，而是融情入境。

（四）徜徉网络空间灵动创造

网络的普及，为学生的表达提供了虚拟空间，它既有助于学生选取多样化的素材，也可以促进同伴之间的合作与交流，发挥创造性。网络阅读、网络写作也应运而生，网络日志、网络言论、朋友圈交流与跟帖等言语表达，成为一种时尚元素，成为一种新兴的写作方式。

众所周知，随着生活水平的提高，学生逐步走出家门，一到假期，就到处旅游，很多学生都能制作电子相册，发到朋友圈分享。是的，旅游是心灵的远足，时时会出现触动自己的景和事。仅仅有相册就够了吗？不是的，我们可以引导学生就自己最想分享的照片，利用网络进行人文历史等全方位资料的收集，结合自己的感受写好解说词。如此图文结合的作文融情于景、融情于文，使得每一张照片都会说话了。相比电子相册，这样的分享使学生写作的趣味和水平得到跳跃式提高。

三、评价方式外显——让评价为延续与起点助力

核心素养提倡下的作文教学，注重发展性评价，力图使每一次评价对学生的"现有"水平和"下一次"的提升产生价值，这应该是为这一次作文的发展延续和为下一次作文的起点助力。

（一）评价等级晋降

当下，很多教师用分数、ABCD、优良中差等对学生进行评价，学生看到等级，欣赏着被教师圈画出来的好词佳句，心中增添了几分愉悦和自豪。但，这或许只是优秀生的"荣耀"，一般的学生也想得到进步，如何激发他们进步的内驱力，延续学生的发展性？我想应该使评价的等级具有晋降的可能。

首先我们通过平时观察和即兴作文两种方式结合下的摸底调查，摸清学生的作文水平，对他们进行分层，确定A、B、C、D四个不同的等次。接着，根据每次作文的要求确定优、良、中、差的标准，依据标准对学生的作文评价优、良、中、差四个等级。如B级学生累计获得3个"B优"，就可以晋升为A级，同样，A级学生的作文累计3个"A差"，就要降为B级。

等级晋降的意义是针对写作能力不同的学生明确了不同的要求，让不同层次的学生都得到提高，优秀的学生不至于故步自封，激励较差的学生追求进步，让他们觉得进步看得见、触得着，成为跳一跳就能摘到的"果子"。

（二）评价语言启发

大多数教师对学生的作文都会进行眉批和总评，但它是一种单向的活动，只是教师思维、判断的体现，学生只是知道"老师觉得这样写比较好"，如何使其转换成"我应该这样写比较好"？叶圣陶先生曾说："教师只给写作引导和指点，该怎么改让学生去考虑，去决定，学生不就处于主动地位了吗？"是的，注重启发性就要点燃学生内在的积极性，给他留下思考的余地，引导到自觉揣摩写作优劣、领悟写作技巧上，在教师的点拨下，从中悟出修改道理，应该"知其所以然"。比如，学生的心理描写不具体，老师可以写上：你的心里多么矛盾啊，描写矛盾心理的写法可以参照《穷人》一课，或李某某同学的习作，试试看。学生的词语搭配不当时，我们可以启示学生：这个词用在这里合适吗？可以换成什么四字词呢？

（三）评价主角交替

大部分作文评价的主体是语文老师，假如把老师看作作文的唯一读者，学生的写作积极性容易在单一平淡的评价中消失殆尽。我们应该转换评价的主角，可以自己、好友、小组、家长等交替出现，让学生对自己作文评价的期待感"保鲜"。在评价过程中，老师、学生、家长都成为评价的主人，构建了互相学习的平台，提升了作文的鉴赏能力，有利于学生实事求是地评价自己和他人。

作文教学作为语文教学的重要组成部分，是学生对知识的理解、重构和创新，是学生对生活的再现、理解和积淀，是学生思维的展现、递进和成长。近年来，我们欣喜地看到作文教学上一些名家流派的积极思维，但由于长期受到应试教育的影响，广大一线教师的思维仍然固化，没有在核心素养的理念指导下深化小学作文的教学，转变自身的教学思维。因此，我们应该在小学语文核心素养的指导下转变作文教学的思维，在作文教学中落实核心素养的发展。

参考文献

［1］钟启泉.基于学生素养的课程发展：挑战与课题［J］.全球教育展望，2016（01）.

［2］叶圣陶.叶圣陶语文教育论集［M］.北京：教育科学出版社，2015.

［3］中华人民共和国教育部.义务教育语文课程标准（2011年版）［S］.北京：北京师范大学出版社，2012.

［4］张云鹰.开放式作文教学［M］.北京：教育科学出版社，2016.

轻轻的一个"问"，架起"乐改""懂改"的桥梁

——《我敬佩的一个人》习作修改指导案例

语文课程体系和《语文课程标准》对习作修改的重视，体现了培养学生修改习作的重要性与必要性。如何将年段目标、教学目标与学生的学习状态相融合，这应该成为我们每一位语文老师的追求和实践。廖老师在《我敬佩的一个人》习作修改指导中启发我从"苦于批改"中挣脱出来，转向了"乐于指导"的新理念，从而构建学生"乐于修改""懂得修改"的快乐课堂、轻松课堂。本文从以下四方面与大家分享：创设令人心动的颁奖台，叩击"想改"的心门；在范文中的轻轻一"问"，打开学生追问的大门；在病文中的轻轻追"问"，指引学生能改的窍门；回归习作的轻轻一"问"，巩固习作自改的门路。

作文修改是作文教学的组成部分，可往往一提到作文修改，学生们马上便会联想到那是教师的事，与自己无关。在教师批改后，学生只把自己当作"看客"，久而久之，学生永远成不了习作修改的主角。关于习作修改，我们的教材从三年级上册就开始提出要求，如习作二"写完以后，可以读给你写的那个人听，请他评评写得怎么样"、习作三"写好后读给同桌听，根据他的意见认真改一改"、习作八"写完后，把不满意的地方改一改"、三年级下册习作二"还可以把习作读给了解你的人，听听他们的意见，并认真改一改"、习作五"写完以后，读给爸爸、妈妈听，请他们提提意见，再认真改一改"，习作六明确提出习作自改的要求——"写完后，多读几遍，修改自己不满意的地方"……四年级下册第七单元也提出"写完后要认真修改"

的要求。语文课程体系使我们明确了修改的重要性及提高的层次性。

与上述内容相吻合的是，《广州市义务教育阶段学科学业质量评价标准》（以下简称《学科学业质量评价标准》）对四年级下册的习作提出了"乐于书面表达，增强习作的自信心。愿意与他人分享习作的快乐""……注意把自己觉得新奇有趣或印象最深、最受感动的内容写清楚""学习修改习作中有明显错误的词句"等习作教学的目标和要求。因此，《学科学业质量评价标准》和语文课程体系对习作修改的重视，可见自主修改习作的重要性。那么，教师应如何将年段目标、教学目标与学生学习的状态相融合，为学生架起一座"乐于修改""懂得修改"的桥梁呢？我有幸听了阮美好名师工作室成员廖军老师执教的"《我敬佩的一个人》习作修改"，收获甚多。

一、创设令人心动的颁奖台，叩击"想改"的心门

【案例片段】

师：同学们，上周我们写了一篇习作，主题是"我敬佩的一个人"。因为我们东城中心小学的学生非常优秀，于是，大家的习作被推荐参加了一个活动。是什么活动呢？请看——

（出示学生所在学校师生生活的图片）（生相当投入地看）

（PPT录音介绍：在我们身边，他们也许默默无闻，但他们身上有着让人敬佩的品质。他们无私奉献，他们刻苦学习，他们乐于助人，他们救死扶伤……你想让自己敬佩的人登上领奖台吗？你想让他的品质点亮更多人的希望吗？2013年东城人的年度精神史诗"我最敬佩的人年度评选"欢迎你的参与。）

师：同学们想不想了解自己所敬佩的人是否入围了呢？

生：（激动）想！

师：参选的结果如何呢？请看组委会给我们的回复。有请主持人——

（两学生上台，颇具颁奖典礼的风采）

主持人：以下同学的作文题目紧扣内容，并激起了读者的阅读兴趣，获得"最佳题目奖"，他们是，请班长宣读——

班长：《篮球高手》，作者——韩宇辰。

师：韩宇辰在哪？（充满期待的眼神）

韩宇辰：（站起来挥挥手）（高兴中带着腼腆）

班长：《公牛爸爸》，作者胡灏宇。

主持人：有些同学的语句非常具体，获得"最佳语句奖"，他们是——请语文科代表宣读。

语文科代表：曾沛新。

主持人：更令人惊喜的是——（语气较平淡）

师：再惊喜一点，来——

主持人：更令人惊喜的是——（语气较提高了）

师：还不够惊喜，再来——

主持人：更令人惊喜的是，有一位同学把对爸爸的敬佩之情写得生动感人，她的习作直接入围决赛，她是——请大家大声读出她的名字。

全体学生：林莉玟。

主持人：大家想不想让自己的作文也入围呢？

师：（调侃）那位同学想得口水都要流出来了。（哈哈）

主持人：看看评审的叔叔阿姨给我们的建议吧。读——

生齐读：习作能做到内容具体，将会有更多同学的习作入围决赛。

师：同学们，知道如何才能入围吗？

生：知道，把自己的习作修改具体。

……

以往的习作讲评课基本以教师的讲评为主，教师选出几篇有代表性的优秀作文为例子，讲解例文的可借鉴之处是让学生感悟写法，修改自己的作文。这样做的实际成效远远低于预期，也无法发挥学生的主体作用，久而久之，学生自然觉得作文修改索然无味，又怎能达到《学科学业质量评价标准》对四年级第二学期提出的"以激发学生习作兴趣为导向"的评价建议呢？

因此，兴趣应该是实现目标的"先头部队"。如果学生觉得习作不是为了学习表达而表达，而是为了满足自己的需要，那他们的兴趣会大不一样。因为教材内容是写"我敬佩的一个人"，教师依据这一内容创设一个"'我最敬佩的人'年度评选活动"的交际情境，满足学生想让自己所敬佩的人登上领奖台的欲望，引发学生自主修改习作的内驱力。这就很好地调动了学生的学习兴趣。而且，廖老师还郑重其事地邀请主持人宣布"最佳题目奖""最佳语句奖""直接入围奖"，在宣读时还通过请班长和科代表宣读，形成跌宕起伏的氛围，紧紧扣住学生的心弦，从学生渴望的眼神、热烈的掌声、半张的嘴巴等可以看出学生多么希望宣读的是自己的名字，最后通过"直接入围作文"的评审建议道出本节课的教学目标——把习作修改具体。

学生面对这个要求，肯定会在思索"如何才能做到这一点呢"。在学生需要的时候，在学生不懂的时候把知识教给他们，把"要求我修改具体"变为"我想修改具体"，打开了学生"想改"的心门。

二、范文中的轻轻一"问"，打开学生追问的大门

【案例片段】

（老师在配乐下十分动情地范读学生的习作《尽职的爸爸》）

师：老师开始问问题了："电话铃响以后，爸爸做了什么动作？"（板书：问）

生：穿上大衣、拿起手机、去接电话。

师：我们来看一下林老师当初的学生——就是她的那一份观察记录表，全班预备读：医院一来电话，爸爸立刻回去工作。

师：林老师这么一问动作，她的学生就长大了，全班一起读——

学生：（齐读）一阵急促的电话铃声吵醒了我们，爸爸穿上大衣，迅速拿起了手机，去接电话，我知道，是夜间急诊病人的电话……

师：我们除了问动作，还可以问什么？

生：问神态、问语言、问心理。

（老师给每个同学都发了一份《尽职的爸爸》这篇习作的复印件。）

[幻灯片出示：拿出《尽职的爸爸》这篇习作，用波浪线画出一句你最喜欢的细节描写。在旁边的空白处写一写，自己画的这句话，作者追问了什么细节（板书：语言？动作？神态？心理？），给你什么样的感受。]

（生根据老师的要求画句子写旁注。）

师：谁上讲台来展示自己画的句子与写的旁注？

生：（投影稿件）作者追问了动作，这句话描写了爸爸是多么尽职。

师：好的。请上台的同学先读所画的句子，再谈自己的想法。

生：（投影稿件，读，评）"我开始理解爸爸了，理解他辛苦工作的心情，理解他爱工作而不顾家的精神，我更可以理解他努力工作，养家糊口的辛苦。"作者追问的细节是心理。我的感受是作者很了解爸爸。

师：还有谁呢？请上来！

生：（投影稿件，与前一名同学所画的内容是一样的）这段话，"清楚的"表明了作者理解爸爸为什么那么尽职，作者把自己的心理话写出来了。

师："清楚的"应该改为"清楚地"。"把心理话写出来了"可以说是"把心理话写活了"。你再把自己的感受读一次。

师：看来还有语言和动作的描写等。大家真了不起，在不知不觉中，已经运用了批改习作的方法。这是你们自己发现的。（旁批）这本来只是老师才会做的，但现在你们却做到了，真是了不起！

师：这种方法可以汇成一句话，请你们轻轻地读出来——

生：（投影）轻轻的一个"问"，已经打动我的心。

师：很多歌唱家啊，不停地告诉会写作文的学生，还不停地唱，您听——（音乐：轻轻的一个吻，已经打动我的心。）还不止一个人唱——（音乐：轻轻的一个吻，已经打动我的心。）

师：请问，林老师只是"一个问"吗？

生：四个，问了动作、语言、神态、心理。

师：难怪评委被她弄得迷迷糊糊的，"一个问"已经打动别人的心了，好几个问，那还了得？不过，会"唱"这首歌的同学还有很多，请出来。

［七个学生出示老师在习作中圈出的细节情节，向全班读。师生根据内容围绕"四问（问动作、问语言、问神态、问心理）"完成对话。］

在习作方面，从三年级上册习作二"写熟悉的人的一件事"，到三年级下册习作三的"自我介绍"，再到四年级下册习作七的"写一个敬佩的人"，逐步落实了以事表人、抓住人物的特点、感悟人物的品质等要求，本次习作既是第二学段学习写人的综合体现，又体现出对人物把握能力的提升。廖老师这堂作文评讲课目标明确——"能综合运用以事表人的方法，抓住人物动作、语言、神态等细节把人物写具体"，这堂讲评课也要求学生"自行修改习作中不具体的内容"。

教师无论在阅读课上，还是在作文指导课上，一直都重视教学"语言、动作、心理描写"等人物描写的方法，可是有些学生作文时就是不能抓住语言、动作、心理等写具体，这是什么原因呢？我们学校的老师也上过这样的作文评讲课，模式（我们也有颁奖台）和内容（也是引导学生从动作、语言、神态、心理写具体）大同小异，为什么我们上得没有他那么活泼、深入人心呢？我想原因是——我们欠缺了轻轻的一"问"，教师通过一句小结

"这种方法可以汇成一句话，请你们轻轻地读出来——轻轻的一个'问'，已经打动我的心"。用这样一句熟悉的歌词，巧妙地将修改的方法传递给学生，轻松得就像是边唱边写，边游戏边作业，学生在这个情境中打开的是一扇心门，于是他们在老师的指导下不断地轻轻一问。

心门打开了，廖老师就通过评讲一篇优秀作文的实例，让学生明白怎样把人物的特点描写具体。让学生读同学的习作，把学生写得好的材料投影出来，让学生共同评议，把学生是如何写具体的材料体现出来，同时在评议中，通过"问爸爸的动作、语言、心理"等形式，让学生在评议中学习如何写具体，这样的教学就很有真实感，学生容易学会。

因此，这轻轻的一"问"在这节课中举足轻重，因为这"轻轻"，是指引学生修改的一个方向，是引导学生修改的一条大路，老师打开了学生的心门，带领着学生轻轻松松地走在这条自主修改习作的大路上。

三、病文中的轻轻追"问"，指引学生修改的窍门

【案例片段】

（出示病文片段：

我考砸了，回到家，把试卷给妈妈看。妈妈并没有批评我，还鼓励我说："下次考好一点，加油。"

——神秘人）

（生自由读）

师："我"考砸了，可以追问什么？

生：问"心理"。

师：嗯，要告诉读者自己在想什么。

生：问"动作"。

师：在这样的情况下，作者会自然而然地做出什么动作？

生：搔脑袋。

生：坐立不安。

生：手足无措。

生：还可以问"语言"。

师：作者会说什么呢？

生：糟糕！

生：哎呀，我怎么会考砸呢！我该怎么办？

师：是的，可以追问这些——

（出示：考砸了，"我"的心里会想些什么？自己会做些什么？会说些什么？）

师：也可以这样追问——

［出示提示：

当"我"把试卷给妈妈看时，有什么动作？"我"是怎样（神态）跟妈妈说话的？当时，"我"的心理是什么样的？

妈妈看到试卷后的表情是什么？会说些什么？

听了妈妈的话，"我"有什么心理活动。］

师：现在请四人小组讨论。

生：我昨天考砸了，我心里想：我怎么办呢？

师：怎么办就是心里想了，所以把"我心里想"去掉。

生：我昨天考砸了，我怎么办呢？是躲起来还是把试卷藏起来？回到了家，我把试卷给妈妈看，妈……妈……

师："妈……妈……"你是吞吞吐吐地说，请加上"吞吞吐吐"。

生：我吞吞吐吐地说："妈……妈……这是我昨天考试的试卷。"说完后，我就飞快地跑进了自己的房间。

师：那妈妈的反应如何？

生：妈妈走到我房间，温柔地对我说："孩子，下次细心一点，不要再粗心了。"

师：在这短短的时间里，你就能做出这么多个"问"，很了不起。

师：现在我当妈妈，你（指着一位学生）就把那位同学当成考砸了的学生。

师：你能说好吗？

生：（信心不足的样子）不能。

师：有老师在，相信自己，你一定能！

师：乖儿子，回来啦！

（生没吭声，只是往前挪了一步）

师：你为什么走得那么慢？

生：（耷拉着脑袋）因为我……考了……零分。

师：我缓慢地走到妈妈的面前，说——

生：我缓慢地走到妈妈的面前，说："我考了零分。"

师：（师伸出了手，摸着该学生的头说："孩子，没关系，'失败就是成功之母'，经过努力，下次你一定会考好的。"）你说——

生：妈妈伸出了手，摸着我的头说："孩子，没关系，'失败就是成功之母'，经过努力，下次你一定会考好的。"

师：掌声送给他。大家猜到了吗？这位神秘人就是——

生：他！

师：孩子，没关系。文章就是这样一点点地写出来的，就是这样一点点地修改好的，你也会越写越好。刚才我们的表演中，问了什么？

生：问了动作，问了语言，问了神态，问了心理。

师：孩子，你现在有信心写好这篇作文了吗？

（生点头。）

师：太好了！掌声给他！

教师和学生都知道要抓住细节才能把习作写具体，但怎样抓、从哪里抓，又怎么表达出来呢？如何让那部分写不具体的学生能够将人物描写具体，智慧的廖老师将如何具体描写人物的方法概括为"三问"，就是"追问妈妈的动作、语言、心理"，通过边演边说、边说边改的策略，就能让有困难的学生把人物描写得比较具体了。

在课堂上，教师没有忘记学困生，在不断的追"问"中，教师始终是一个引导者，始终给学生一个平台，适时推动学生的表达再上一个台阶。特别是他在评讲"神秘人"的作文时，那孩子说"我不会说"，他是那么耐心地引导孩子，甘愿蹲下身子当"洗洗刷刷的妈妈"与孩子回忆情境，创设对话的情境。更难能可贵的是，教师还不厌其烦地换回来：让孩子当妈妈，他来当孩子，目的在于让孩子体会妈妈的动作、语言，让孩子懂得如何组织语言。坐在第一排，我发现孩子原来是不敢看老师的，直接说"我不会"，到演完之后那眼中闪动的晶莹，他是受到了多么大的鼓励啊。这不仅仅强化了学生自我修改习作的信心，更能增强他面对困难的勇气，引领他迎难而上。

四、回归习作的轻轻一"问"，巩固习作自改的门路

【案例片段】

师：同学们，帮了别人，也得帮帮自己。俗话说，大家好，才是真的

好。请问，大家能发现并会修改自己作文中不具体的地方了吗？

生：（齐）会了。

师：请拿出自己的习作，用上刚才的方法，修改自己的习作。开始——

（生学习修改自己的习作。师巡视，做个别辅导。学生自改时间为10分钟。）

师：同学们，你们修改得怎样呢？要请组委会的评委们来评一评。（老师和部分学生做评审，模拟评审现场）

生1：评委老师您好，我是××同学，我写的是我的妈妈。原来是这么写的："有一次，我在教室里做作业。……"

师：他的习作轻轻地"问"了什么，就把内容写具体了？

生：他轻轻地"问"了心理，这样就把文章写具体了。

师：是的，就这样继续改改，你所描写的人物一定能入围。

生2：评委老师您好，我是××同学，我写的是一位用心帮助我的同学。原文是这样的："……（略）"经过修改，变成了这样——"……（略）"

师：谁来评一评？

生：这篇习作轻轻"问"了动作、语言、神态和心理，通过这些细节，我们就可以看出张小丽是一个乐于助人的好同学。

师：是啊，这样轻轻一"问"，就能把习作写好了。这样的人物入围"我最敬佩的一个人"活动决赛当然没问题。现在，请大家再次运用这种方法，对自己的习作进行修改，争取让自己所写的人物都能够入选评选的决赛。

廖老师采用的策略是"先问别人，后问自己"。通过探问别人成功之道，追问自己的发现与收获，在老师"授之以渔"的指导下，迁移运用，让学生运用学会的方法修改自己的习作，实现修改方法的迁移，并加深对方法的认识。

在学生自改和听取别人的修改意见的过程中，学生取长补短，促进相互了解和合作，共同提高写作水平，让他们在修改中再一次巩固了修改的方法，乐于修改，善于修改，还达成了"愿意与他人分享习作的快乐"的目标。从展示的结果看，学生能从别人的作文中学到长处，并且能够虚心接受同学们提出的意见，对自己的文章又做了适当的修改。在一次又一次的修改中，学生修改的能力不断提升，文章也修改得越来越具体、生动，突出了这个敬佩的人的人物形象，这也是对三、四年级学生有关写人的习作能力的提升。

　　廖老师的作文修改课，运用"激—帮—扶—放"的教学策略，实现了《学科学业质量评价标准》指导的"激发兴趣、提升能力、重视过程"等年段建议，它让我看到了教学最本真的东西，就是——学生和目标。如何将年段目标、教学目标与学生学习的状态相融合，这应该成为我们每一位语文教师的追求。教师们，让我们从"苦于批改"中挣脱出来，转向"乐于指导"的新理念，为学生架起一座"乐于修改""懂得修改"的桥梁，让他们在快乐、轻松的课堂氛围中学会自主修改习作。

参考文献

[1] 广州市教育局教学研究室.广州市义务教育阶段学科学业质量评价标准：语文（1—6年级）[S].广州：广东教育出版社，2013.

[2] 阮美好.语文教师的文本解读[M].北京：中国轻工业出版社，2014.

[3] 中华人民共和国教育部.义务教育语文课程标准（2011年版）[S].北京：北京师范大学出版社，2012.

巧用文本对比阅读，助力学生习得语言

有的教师的课堂引用的阅读资源很多，其目的在于缩短学生与文本之间的距离，促进学生的积极思考。但为什么利用起来，收效甚微，甚至反向而驰？我认为，主要原因有两个，一是对小学高年级的学习目标把握不准。综观现在有些五、六年级的课堂，仍然停留在品词赏句当中，做的只是"只言片语"的感悟。无"轻"则无"重"。"轻"什么？"重"什么？需要教师拎准。二是缺乏有效的教学策略。阅读的资源如何呈现？呈现多少？这些资源与教学目标的达成有什么联系？小学高年段的语言重在习得与运用。《语文课程标准》指出：语文是实践性很强的课程，应着重培养学生的语文实践能力。因此，在课堂教学中，我们要根据学生的年段目标、文本的呈现特点，立足学生习得语言的策略，使学生"学之得法""学有所得"。"对比阅读"不失为小学高年级语文教学的有效途径。

对比阅读是什么？是指把内容或形式上有一定联系的读物集中起来，边对比边分析地进行阅读的一种方式。它是一种思维的培养，就像一把金钥匙，把学生思维从一个水平引向一个更高的水平。因此，教师在确定好语言训练点后，选择好比较的文本资源，通过比较异同，为学生语言的习得助力。

一、引用文本的类比推测，落实语言概括的扶放点

扶，是一根拐杖，可以倚仗它走路；放，是一块跳板，可以提升学生的能力。在教学时，我们可以在文本的采用上给学生一根拐杖，让学生跳上一个台阶。

在广州，陆老师在执教部编教材六年级的略读课《在柏林》一课时，要求学生梳理《在柏林》的故事情节，选取了一个样板作为参考——《桥》。她的选取是智慧的，因为两者都是小小说，颇有情节，人物形象突出，环境

烘托明显。因此，陆老师以《桥》已有的故事情节的概括能力为教学的支点，设计了学习单来梳理文章的故事情节，以突破教学的难点——关注情节和环境，感受小说构思的巧妙。

师：请小组组员参照《桥》的故事情节，梳理《在柏林》的情节。开始。

（课件）

山洪来临 村民逃生	洪水上涨 老汉组织	水冲桥塌 吞没二人	洪水退去 祭奠父子

（学生活动）

（学生汇报，补充修正）

师：还有哪些情节应该补充？

……

师：这个情节还可以如何概括？

……

师：（小结）这就是这个故事的情节，请看课件。

火车驶出没有健壮男子	老妇人数"一、二、三"小姑娘嗤笑	老兵扫视车厢平静	老妇人数"一、二、三"小姑娘傻笑	老兵解释原因	车厢一片寂静

学生习得语言的过程，也是自身的认知结构不断提取、完善、凝练的过程。在梳理文章故事情节的过程中，借助《桥》一课所学的情节梳理方法，无疑是给了学生一根拐杖——运用小标题的方式概括小说情节，这是教师的"扶"。可贵的是，教师并没有忘记"放"——小组合作梳理文章的故事情节，体现了教师"扶"与"放"的智慧。

二、对比文本的创意点拨，领略语言表达的精妙点

编者反复强调我们要用教材教，而不是教教材。所以，教师就要善于解读文本，从文本中撷取语言表达的学习点，让学生去探知、感悟，习得更好的语言表达。

很多教师在《钓鱼的启示》一课中，重点落在"钓"的部分，围绕作者的"钓"与"放"展开学习，进而理解文章的主旨。但我们综观学生的习

作，叙事类的文章，特别是写启示，如《第一次爬山》，学生都会在结尾点题："我终于爬上了山顶！这次爬山，让我明白了'坚持就会胜利'的道理！"这样的习作结尾在五年级习作中比比皆是，试想，三年级学生就是这样写的，到了五年级仍停留在这一水平，没有任何提升。因此，我们要借助文本，引领学生领略不一样的表达，体会它的精妙。如在教学《钓鱼的启示》一课时，我是这样组织的：

师：请读最后一段：那晚以后，我再没有钓到过那样大的鱼。但是，在人生的旅途中，我却不止一次地遇到了与那条鲈鱼相似的诱惑人的"鱼"。

你觉得这样的结尾如何？

生：……

师：作者从生活的鲈鱼跳出来，想到人生的"鱼"，把启示写得十分有内涵，将"钓鱼"和"启示"结合起来，使得这样的启示很有说服力。请再看《"精彩极了"和"糟糕透了"》的最后一段。

（课件）

我越来越体会到我当初是多么幸运。我有个慈祥的母亲，她常常对我说："巴迪，这是你写的吗？精彩极了。"我还有一个严肃的父亲，他总是皱着眉头，说："这个糟糕透了。"一个作家，应该说生活中的每一个人，都需要来自母亲的力量，这种爱的力量是灵感和创作的源泉。但是仅有这个是不全面的，它可能会把人引入歧途，所以还需要警告的力量来平衡，需要有人时常提醒你："小心，注意，总结，提高。"

师：请用"＿＿"画出写事的部分，用"～～～"画出点明道理的部分。

（学生画句）

师：这种方法就是"事理融合，融理于事"。单纯地在事情的结尾总结道理是空洞、缺乏说服力的。运用"事理融合，融理于事"的方法，文章的表达就会具体生动。

总之，教师通过点拨语言知识的精妙之处，使静态的语言知识，转化为一种有概念和方法的动态的语言技能，使之在不断地运用中形成语言能力。

三、触摸文本的拓展延伸，深化语言理解的情动点

学生的习作缺乏真情实感的表达，真情指的是什么？就是打动读者，得到读者认可，激发读者共鸣的情感。学生没有体会和描写这一种真情，是

受理解能力的制约。教师要在文本的学习中拓展延伸，激发学生共鸣，让他情动。

如学习《梅花魂》一课，学生在理解时是存在一定的困难的：梅花，只不过是一种花，怎么会是最有灵魂，最有品格，最有骨气的？于是在教学中，我引用陆游和毛泽东的诗词：

无意苦争春，一任群芳妒。零落成泥碾作尘，只有香如故。

——陆游《卜算子·咏梅》

风雨送春归，飞雪迎春到。已是悬崖百丈冰，犹有花枝俏。俏也不争春，只把春来报。待到山花烂漫时，她在丛中笑。

——毛泽东《卜算子·咏梅》

师：你从中读出了梅花的什么？

生：梅花不追名逐利。

生：梅花不畏严寒，越冷它开得越灿烂。

生：梅花不争，不畏，其实也是作者的写照。

师：中国有这样的人吗？

生：有很多，如狼牙山五壮士、董存瑞。

生：林则徐。

……

师：梅花与人之间共同的是什么？

生：都具有视死如归的品质。

生：面对危险，不软弱，也不动摇。

师：是的，梅花的品格就是中华儿女的写照。所以爷爷才说：她是——

生：最有灵魂，最有品格，最有骨气的。

阅读是个性的，学生未必能够体会文本的情，通过文本的拓展延伸，丰富了文本的内涵，让学生触摸感知语言，尽可能地与作者心灵相通，进而"情动而辞发"。

四、对接学生文本的痛点，点亮细节描写的闪亮点

在教学中，我们常常把作文教学与阅读教学割裂开来，我们的阅读课没少品词赏句，可学生的习作却总是少了一些细节的刻画，所以显得平淡无奇。这就是学生习作的一个痛点，我们可以将课堂教学与学生的文本进行对

接，让学生在文本中点亮细节描写的精彩。

（教师出示片段：古老的钟发哑地敲了十下，十一下……始终不见丈夫回来。桑娜沉思：丈夫不顾惜身体，冒着寒冷和风暴出去打鱼，她自己也从早到晚地干活，还只能勉强填饱肚子。孩子们没有鞋穿，不论冬夏都光着脚跑来跑去；吃的是黑面包，菜只有鱼。不过，感谢上帝，孩子们都还健康。）

师：这段文字里，作者用了哪个词语来引出心理活动？

生：沉思。

师：请把这个词语圈起来。

（学生圈词语）

师：还有哪些词语是表达心理活动的呢？

生：生气，高兴。

生：心如刀绞。

生：忐忑不安，心急如焚。

……

师：下面，我们就来变变魔术，运用表示心理活动的词语刻画心理，可以怎么改？

（出示学生的片段：我看着满地的纸屑，急忙捡起来。一片，两片，三片……我累得腰酸背痛，我想：这是谁扔的呀？这么不爱护环境，真讨厌。）

生：可以把"我想"换成"我生气极了"。

生：可以把"我想"换成"我义愤填膺"。

生：可以把"我想"换成"我怒火中烧"。

……

师：拿出你们的作文，认真看一看，给文章的心理活动描写变变魔术。

……

阅读教学是可以与学生的习作相对接的，适时让学生直面自身习作的"痛点"，找到问题的根源，点拨解决问题的方法，学生就有一种"拨开云雾见青天"的感觉，这样的体验式习得是主动而高效的。

五、点燃文本与现实的碰撞，助推语言表达的生长点

教师带领学生"走入"文本，它是揣摩方法、锤炼语言、拓展思维的过程，也许学生会产生一定的困惑，这是学生思考的结果。教师不能强迫学生去接受和认可，而要顺着学生的思维，帮助他调补困惑，并生发出自己独特的感悟。

在《地震中的父与子》教学中，有学生提出：这不是我们生活中的父亲，我们生活中的父亲没有这么伟大，他只不过做着最不起眼的事。如何将危难中的大爱与生活中的小爱链接起来？

我们还要从文本中跳出来，有些教师只关注了父与子之间的爱与信任，就会给人一种错觉——我们可以引领学生质疑：

师："不论发生什么，我总会跟你在一起！"这句话仅仅是父子的口头约定吗？生活中，阿曼达的父亲与阿曼达之间曾经经历过哪些事呢？

生：阿曼达与父亲一起爬山，父亲拉着他的手鼓励他爬上山顶。

生：学骑自行车摔倒时，父亲扶起阿曼达，为他处理伤口，鼓励他要做一个男子汉。

……

师：是呀，产生困难和发生危险的时候，父亲总在他身边。无数的小事的沉淀才会有笃定的信任，所以当阿曼达听到挖掘的声音时，他马上问："爸爸，是你吗？"阿曼达的脑海里首先跳出来的是父亲，不是救急救难的警察、消防员，只是——

生：爸爸！

师：这样的爸爸不正是你们的爸爸吗？

生：小时候过马路，我很害怕的时候，爸爸总是拉着我的手，带着我安全地走过去。

生：我考试考差了的时候，爸爸给我细心地分析失分的原因，到书店找辅导书给我巩固练习。

……

师：对，这就是父亲！无论发生什么，父亲总会和我们在一起。拿起笔，写写你的父亲。

通过学生的质疑，链接想象父亲与阿曼达生活的小事，其实是学生回

忆自身的生活，阿曼达的父亲也许就是我们的父亲，阿曼达的父亲对儿子的爱就是我们没有细细品味的父爱。这样的处理，就可以带动学生的思维去回忆、审视自己身边的父爱。这个过程是从疑惑到追忆，到感叹，到抒发的过程，学生的思维被点燃了，语言表达的欲望自然就生长起来了。

语文姓"语"，语文是综合性的学科。每一个文本的教学内容并不是机械分割的。对比阅读，是一种手段。它是教师对教学内容的重组与构建，是基于学生语文能力的宏观思考。因此，教师应通过对比阅读，抓好语言的扶放点、精妙点、情动点、闪亮点、生长点，助力学生习得语言。

参考文献

［1］中华人民共和国教育部. 义务教育语文课程标准（2011年版）［S］. 北京：北京师范大学出版社，2012.

［2］阮美好. 语文教师的文本解读［M］. 北京：中国轻工业出版社，2014.

［3］雷婷. 幸福语文视觉下的体验式教学探索［M］. 北京：光明日报出版社，2017.

［4］欧阳缚龙. 辩证语文智趣课堂［M］. 长春：吉林大学出版社，2018.

文本的走进与走出，架起语言
输入与输出的桥梁

新课程标准要求：应该创造性地理解和使用教材，积极开发课程资源。这一理念的提出完全改变了以往"紧扣教学大纲，紧扣课本"的传统教学理念。由"死扣教材，为教材而教，围教材而考"变为"用教材教，教材是引子……"但是，重视校外课程资源的开发利用，并不意味着可以轻视课堂教学资源特别是教材的教育价值，它必须基于"教"与"学"。

语文该教什么？语文课程的性质决定了语文的出发点和归宿是指导学生在具体的语境中，学会语言文字的运用。语文教师对文本的把握，并不等同于一般的个体阅读行为，而是为教学解读文本，不仅要眼中有文本，更要心中有学生，这正是文本"走进"与"走出"的"度"之所在。因此我认为课标中提出的积极开发课程资源，引导学生在实践中学习语文的前提是走进文本，吃透文本，发挥文本的真正意义，在此基础上再走出文本，开发资源，为学生的语言积累与运用架起一座桥梁。

一、走进文本，强化语言的输入

培养和提高学生运用语言的能力，一般要经过"言语形式—言语内容—言语形式"的学习历程。言语形式既是一个起点，也是一个终点。作为教师，我们要从文本中发现有价值的教学内容，引导学生学习、模仿、运用，促进学生"语用"能力的培养、语文素养的提升。

（一）聚焦文本的言语形式

很多教师往往将教学定位于"内容的理解"，他们在"父母之爱"的内容上挖掘和拓展，而忽视了呈现这一内容的语言形式，缺乏对课文语言积累的咀嚼，致使教学不够细化，语文课就变成了对课文主题进行理解、归纳的课。因此，纵观我们的语文课，很多人上成了科学课、品德课。如《"精彩极了"和"糟糕透了"》一课，很多教师就将教学点定位于理解父母的爱的两种不同的形式上，而把承载这种爱的语言表达忽略了。

广东省名教师阮美好老师对《"精彩极了"和"糟糕透了"》这一课进行了文本的解读，引导学生借助文本语言进入课文情境，聚焦对话的提示语，从而了解"对话"这一细节描写在故事中的巨大作用。对于五年级学生而言，他们的作文也正是缺少了这些细节描写而变成只有口号的"泛文"。阮老师开辟了一条新的路线，以"提示语"为抓手展开教学，而且很巧妙地用这条主线贯穿全文，从中也体会到了文章所要表达的情感，真是一举两得！

（女同学来读读母亲的评价，男同学读父亲的评价）

师：两种描写方法是通过什么描述出来的？

生：语言。语言前面还有提示语。

师：同学们知道什么叫提示语吗？

生：提示语在前面用冒号，在中间用逗号，在后面用句号。

师：同学们来看这一句（课件出示）：母亲一念完那首诗，眼睛亮亮的，兴奋地嚷道："巴迪，真是你写的吗？多美的诗啊！精彩极了！"

（师生合作读，同学们要读好提示语，好提示老师读，老师激情朗读，仿佛回应了同学们的提示）

师：从提示语里你看到的是一个怎样的母亲？

生：……

师：这提示语其实就是什么描写？提示语让人物活起来了，你看这提示语多有用啊！好，同学们找到其他对话里的提示语，用括号括起来，同桌互相检查一下。……

（阮老师再围绕对话的提示语进行情景模拟、分角色读、角色体验等）

师：看来，这提示语真的不可缺少，它让我们看到了巴迪当时面对的情景，这两种极端的评价话语，让我们也感同身受。

……

师：在生活中，我们也会遇到类似的事情，父母亲、老师对自己的评价话语会在耳边响起，是那样的清晰和感慨。请拿起笔，写上那句让你触动最深的话，写上提示语，开始吧。

……

整节课上，阮老师以"对话的提示语"为教学点展开教学，让学生不仅感受了对话的感情，而且认识到提示语的作用。原来学生对提示语只是停留在其形式上的认识，阮老师结合语境，引导学生走进文本，在师生朗读和角色体验等方式中去习得，学生由读，到悟，到说，再到读，再到写，它是基于言语表达上的理解和运用。

（二）转换文本的言语形式

语文教材本身是已经筛选了的课程资源，课文中有许多文质兼美的作品，这些作品颇具魅力，堪称经典。教师应该在品读、感悟中，借助文本，引导学生学会阅读，学会欣赏，学会表达。

朱自清先生的《匆匆》是一篇经典散文，这是毋庸置疑的！我们惊叹于文字所传达出来的对时光流逝的痛苦与无奈，还惊叹于文字本身的形式。在课文的开头，作者是这样写的：

燕子去了，有再来的时候；杨柳枯了，有再青的时候；桃花谢了，有再开的时候。但是，聪明的，你告诉我，我们的日子为什么一去不复返呢？——是有人偷了他们吧：那是谁？又藏在何处呢？是他们自己逃走了吧：现在又到了哪里呢？

读这样的一段文字，学生朗朗上口，因为它的语言很有节奏。不难发现，如果把这段文字的排列形式变一变，它就像一首诗歌：

燕子去了，

有再来的时候；

杨柳枯了，

有再青的时候；

桃花谢了，

有再开的时候。

但是，

聪明的，你告诉我，

我们的日子为什么一去不复返呢？

——是有人偷了他们吧：

那是谁？又藏在何处呢？

是他们自己逃走了吧：

现在又到了哪里呢？

通过文本表达形式的转换，学生在品读中，能更真切地体会到语言表达"妙"在何处："去"与"来""枯"与"青""谢"与"开"，三组反义词的运用，阐述了燕子、杨柳、桃花这些世间美好的事物，可以生生不息，为什么人的时间却一去不复返呢？这种诗一般的语言，看似美好的东西，却传达出作者面对时光一去不复返的痛苦与无奈，这就是作者打动、感染读者的高超之处。

（三）重组言语的增长点

学生在言语上的建构过程是不断熟练、不断推进、不断提升的过程，要密切关注学生的学习实际，才能准确地把握"教什么"，学生已懂的不教，教了学生仍然不懂的不教。因此，我们要站在语用提升角度，在处理文本时，参照课标和学生的实际水平，洞察出文本中言语表达的增长点，对文本进行优化组合。

在二年级《称赞》一课的教学中，很多教师都关注到了"一_____比一_____"这个句式的说话练习，引导学生说出了许多句式："一个比一个大""一只比一只甜""一辆比一辆快"等，殊不知，这样的句式在一年级上册就已经学过，这样的学习看似有收获，实际上是毫无价值的。如何将其变成二年级学生读写结合的一个增长点呢？请看下面这位教师的教学：

（品读完"你真能干，小板凳做得一个比一个好！"后）

师：称赞具有神奇的魅力！那我们就用这样的句式来赞一赞我们身边的人吧！

（出示：真_____，一次比一次_____。）

生：小艺，你真棒，回答问题一次比一次响亮。

生：东东，你真厉害，写的字一次比一次漂亮。

生：希希，你真聪明，思考问题一次比一次快。

生：楠楠，你真厉害，跳绳一次比一次多。

师：楠楠，听了别人的称赞，你有什么感受？

生：我很高兴，我还会继续跳绳。

师：是呀，听了别人的称赞，心里肯定会很高兴，跳起绳来就更起劲了。我们还可以用这个句式夸夸爸爸、妈妈、老师等。

生：妈妈真能干，煮的菜一次比一次好吃。

生：爸爸真厉害，拖的地一次比一次干净。

生：外婆真厉害，爬山一次比一次快。

……

二年级句子教学的目标是：要在一年级说得完整、通顺的基础上，学习写连贯、具体的句子。教师根据年段目标和学生已有的知识，把本课的语言训练确定为理解和运用先概括后具体的句式，而这一句式在一年级下册《两只小狮子》中已经认识了，教师就将其定位在"理解和运用"的层次，体现了从学生的知识基础出发，捕捉到恰当的知识增长点。整个言语的学习过程也是紧扣课文理解例句的内容和形式后进行仿说和仿写的。

二、走出文本，优化语言的输出

一个人在阅读过程中，不仅仅是获得书面材料的内容，更重要的是把知识和精神上获得的在平时的生活中发挥出来。因此教师授课不能仅仅局限于文本，更重要的是开启学生的思想闸门，走出文本，优化语言的输出。

（一）转换文本文体创写

在中高年级，我们应该鼓励学生在学习课文形式的基础上从一个新颖的角度、以独具创意的表达来创写。语文教材为学生提供了极为丰富的写作体裁：记叙文、说明文、童话故事、诗歌、剧本、散文、调查报告、文言文等，它潜移默化地为学生架起了一个文本意识、练笔创造的空间。教师只要对文体教学把握得当，学生的语言运用能力就会在问题的自由变换中彰显和提高。

在教学中，我们可以引导学生将记叙文、散文等创作成诗歌。在教学《祖父的园子》时，我从萧红的生活背景和她的《呼兰河传》入手，介绍萧红短短一生的文学成就，着力引领学生真实地触摸文本，不断地品味、感悟、内化，在联系作者的生活背景的基础上，学生实实在在地对文本进行个性化的解读，把长长的散文创编成诗歌，如有的同学写道：

听不见爸爸对我的责骂，

只听见园里蜜蜂的嗡嗡声。

看不见爸爸对我投来那歧视的眼神，

只看见五颜六色的蝴蝶。

园里是自由的，

园里是快乐的。

大草帽栽花，

小草帽栽花。

大草帽拔草，

小草帽拔草。

大草帽种白菜，

小草帽尽捣乱。

摘下黄瓜大口吃，

丢下黄瓜追蜻蜓，

不追蜻蜓玩蚂蚱。

花儿，睡醒了，

鸟儿，闲逛着，

虫子，说起话来了。

一切的一切，

都是自由的。

噢，

那就是祖父的园子……

　　学生一篇篇生动的创写，既融入了自己的理解、感受，又提升了文章主旨。教师顺势引导学生多读书，读好书，丰富积累，充实文笔，让学生在得到语言文化熏陶的同时，获得语文素养的全面提升。同样，我们可以让学生对古诗词的语言进行加工改造，重新组合，重新表达，既深化了学生对古诗词的感知或理解的准确程度和深度，又创造了语言运用的训练机会，加大了语言的训练力度。

（二）点拨文本的语识之妙

　　经典名著作为文学作品，对其阅读与欣赏只有品其言，才能会其意。吴忠豪教授曾说，我们要用文学阅读的方式去激发学生对文质皆美的选文悟文品字。在读出人物鲜明个性的基础上，感受人物形象生动的描写的作用。文本的教学价值内涵的挖掘，需要教师做出智慧性的解读。在语文课堂上教师要重视引导学生进行语言的学习，特别是体会词句的表达作用和表达效果，揣摩作者为什么这样写，这样的课堂才是充满语文味的课堂。

《临死前的严监生》是五年级下册第七单元《人物描写一组》中的一篇，这一单元的主题是"作家笔下的人物"，安排这组课文的意图就是让学生进一步感受作家笔下鲜活的人物，体会作家描写人物的方法，并在习作中学习运用。很多教师对这一课的教学只是停留在认识"严监生是一个吝啬鬼"的层面，到底怎么在作家笔下这个吝啬鬼的形象就这么鲜活？很多教师没有引导学生去关注，把语文的写作知识与人物形象的感悟割裂了。而曾老师就能够关注到语识，融合了人物形象的感悟。

师：严监生听着大家的猜测，有什么表现？

……

师出示严监生的表现："他把头摇了两三摇""他把两眼睁的滴溜圆，把头又狠狠摇了几摇，越发指得紧了""他听了这话，把眼闭着摇头"。读着读着，严监生始终——

生：摇头。

（出示句子对比）："大侄子说……，他摇头。……他又摇头。……他还是摇头。"

师：这样写好不好？吴敬梓为什么不这样写？四人小组讨论讨论。

生：是他临死前的样子。

生：我认为这是严监生心理的变化……

师：我改为一次摇头好吗？

生：不行。第一次摇头，是……

生：吸引读者越来越想往下看，看谁猜对了。

师：这就是一波三折……这个"三"妙得很！《三国演义》中的"三顾茅庐"、《西游记》中的"三打白骨精"。

师：如果再多写几次摇头，又怎么样？

生：不好。这样读者就没有耐心读下去了。

……

师：谁猜对了？严监生念念不忘的是什么？

生：那两茎灯草。

师：正所谓"心有所指，于是手有所指；手有所指，乃是心有所念"。

师：灯草噼噼地烧，它在烧严监生的什么？

生：他的心。

生：他的钱。

师出示严监生的资料：严监生的家境如何？

生：他是个富豪、富翁。

师：这样的富豪，竟然为了一茎灯草，舍不得断气，你觉得严监生是个怎么样的人？

生：守财奴、吝啬鬼。

师：当你以后看到吝啬的人，你就会想到谁？

师：严监生把手指头一伸，就千古垂名啊。

……

在学习表现严监生的动作、神态的句子的时候，曾老师抓住文中"两根指头"和"三次摇头"这一细节，让学生感悟、思考：严监生已经病得奄奄一息了，为什么还伸着两个指头，这两个指头代表的到底是什么呢？这么多人猜测，却没有一人能真正理解他的内心，他不住地摇头，"那是怎样的摇头？""面对大侄子、二侄子、奶妈的一再误解，此时此刻他的内心怎样？"引导学生体会严监生的急切与痛苦，让学生体会严监生从失望到绝望的心情，让学生意识到严监生把一茎灯草看得比生命、亲情、财产都重要，这就是吝啬。最后教师再来一个比较，把"三次摇头"的细节描写简单化为"'摇头、再摇头、还摇头'，好不好？""多写几次摇头，又怎么样？"再联系其他名著的描写体会"一波三折"的写法之妙。

曾老师对于这一经典动作和"一波三折"这一语文知识的发现和提取是智慧的，她提醒我们，应该以什么方式、什么模式传授语文知识，而使得这种知识的传递与感悟人物形象融合起来，促成"语识"向"语感"的转化。

（三）推荐互文阅读提升

互文阅读是将两篇或两篇以上的文章放在一起进行鉴别、比较，对比着进行阅读，围绕教学目标分析不同点与相同点。通过这一方式，对作者相关主题的文章展开简单的讨论，一方面，深化对文本主题的理解和感悟，另一方面，结合多篇文章的简单比较阅读，培养学生的阅读能力。

如林清玄的《和时间赛跑》，在学习完之后，我们可以推荐学生阅读《和太阳赛跑》《一只鸟又飞走了》《从光阴似箭到日月如梭》，读完后引导学生交流三篇文章都表现了作者怎样的思想？你最欣赏三篇文章中哪些精彩的片段？摘录下来。如在学习完法布尔的《蟋蟀的住宅》之后，我推荐学生去读法布尔的《昆虫记》或收看中央电视台的科教节目《人与自然》，把课内的知识延伸到课外，让学生在生活这一大语文课文中去继续学习课内的相关知识。

互文阅读，并不是简单地推荐阅读，它是摆脱单篇文本的教学，引导学生从一篇文章到另一篇文章。教师应引导学生将每一篇文章串联在一起，甚至将几本书串联在一起进行讨论、思考、比较，从而提高阅读能力。

三、"进""出"互动，彰显语言的魅力

语文教材作为教学内容进入课堂，是经过教师的"加工处理"的，它具有创造性和个性化的演绎。语文教学极具张力，包括对现成教学内容的沿用、重构、创生。所以，我们应该努力依托文本，向教材外扩张，在文本中有效地"走进"又"走出"，形成一个以教学目标为中心，回环反复的课程教学，深刻感受语言文字的魅力，并尝试彰显语言文字的魅力。

（一）文本内的"进""出"互动

一篇课文就是一个文本，要读懂文本的语言，教师就要沉入其中，仔细揣摩和发掘文本在布局谋篇、写作技巧上的高超，再引导学生感知语言、赏析语言、运用语言。所以，教师必须在文本中深入钻研，二度开发，引领学生在文本信息中合理吸收、融合、内化。

林海音的《窃读记》展现了窃读中的快乐与惧怕。但纵观我们的学生，家里的书随手拿来，书店里也随处可见各种形式阅读的学生，他们不仅不会受到店家的驱赶，还能享受店家提供的优质服务——舒适的座椅、饮用水的供应、有效的指引和生动的介绍等。这些时代背景的差异，给当今的学生理解"窃读"中的"惧怕"造成了一定的障碍。因此我们发现，教材在展现"窃读"时"惧怕"的原因时是不够的，但原文是有这样重要的细节描写的。

为了帮助学生理解"窃读"时的"惧怕"，我将原文书店老板羞辱"我"的细节描写补充进来：

我庆幸它居然没有被卖出去，仍四平八稳地躺在书架上，专候我的光临。我多么高兴，又多么渴望地伸手去拿，但和我的手同时抵达的，还有一双巨掌，10个手指大大地分开来，压住了整本书："你到底买不买？"

声音不算小，惊动了其他顾客，全部回过头来，面向着我。我像一个被捉到的小偷，羞愧而尴尬，涨红了脸。我抬起头，难堪地望着他——那家书店的老板，他威风凛凛地俯视着我。店是他的，他有全部的理由用这种声气对待我。我用几乎要哭出来的声音，悲愤地反抗了一句："看看都不行吗？"其实我的声音是多么软弱无力！

在众目睽睽下，我几乎是狼狈地跨出了店门，脚跟后面紧跟着的是老板的冷笑："不是一回了！"不是一回了？那口气对我还算是宽容的，仿佛我是一个不可以再原谅的惯贼。但我是偷窃了什么吗？我不过是一个无力购买而又渴望读到那本书的穷学生！

因为有了这样的补充，再引导学生回到文本的描写"我害怕被书店老板发现，每当我觉得当时的环境已不适宜再读下去的时候，我会知趣地放下书走出去，再走进另一家。有时，一本书要到几家书店才能读完""因此我要把自己隐藏起来。有时我会贴在一个大人的身边，仿佛我是他的小妹妹或小女儿"等去理解，学生就不会感到不解了。仔细阅读文本，我们发现，全文运用了大量的细节描写和心理描写，于是，我们可以再引导学生将文中所有的细节圈出来，思考和交流：从这些描写中你体会到了什么？通过圈画，不仅让学生体会到"我"窃读时的"快乐"和"惧怕"，还发现文本中处处是细节描写和心理描写，这正是林海音作品打动读者的地方。我以此为契机，引导学生运用细节描写和心理描写，将原文中店员帮助"我"窃读的经历描写出来：一个店员看到"我"在窃读，不仅没有把"我"赶走，反而帮助"我"窃读……学生展示和评议各自的作品描写，再出示原文的描写：

正在这时，一个耳朵架着铅笔的店员走过来了，看那样子是来招呼我（我多么怕受人招待），我慌忙把眼光送上了书架，装作没看见。但是一本书触着我的胳膊，轻轻地送到我的面前："请看吧，我多留了一天没有卖。"啊，我接过书羞得不知应当如何对他表示我的感激，他却若无其事地走开了。

通过学生的练笔与比较，学生理解和运用了细节描写和心理描写的方法。

（二）单元主题的"进""出"互动

语文知识的感悟，一种是以理性结果加以存储的，它是科学的；一种是以感情色彩加以领悟的，它是审美的。语识和语感的建构，正是基于两种感悟的反复体验不断强化的。现在我们使用的课本编排上很有特色，它在每个单元都会围绕一个主题进行编排，给教师和学生留出许多学习的空间。

如在教学六年级上册第五单元"走近鲁迅"时，仅凭《少年闰土》《我的伯父鲁迅先生》《一面》和《有的人》这几篇课文就可以全面了解鲁迅先生了吗？我想不是的。课本只不过是一个平台，要想让学生更多地了解鲁迅的生活，更感性地认识鲁迅，我会引导学生通过阅读鲁迅的小说、赏读鲁迅诗歌、了解后人对鲁迅的评价，从不同角度了解和把握鲁迅其人，最后让学生结合自己的学习研究，制作电子板报或手抄报"走近鲁迅"。学生按照自己的兴趣、需要，自主选择学习的内容，大量地阅读所需要的书籍。由于小组每个成员的特长各不相同，有的擅长文字描述，有的热衷于图片设计，大家写的写，画的画，乐在其中，通过大家的共同努力，一幅幅图文并茂的板报出来了，看着学生们这些活动成果，看到他们脸上洋溢的喜悦，我更深地体会到他们在多个文本的"进""出"学习中收获了快乐、收获了知识。

在单元主题的"进""出"互动中，学生从细读文本开始，到阅读期待，再到个性化阅读，最后形成独特的建构，达成了自身与多个文本的融合。在这期间，学生对文本的理解是不断加深的，语文素养不断得到提升。

作为语文教师，我们应指导学生"学语文"，而非"学课文"，是以课文为依托，以语识为载体，感悟作者言语表达和叙述方式的独到之处，以此习得语言表达的技巧，学会运用语言文字。教师带领学生"走入"文本，又"走出"文本的过程，是揣摩方法、锤炼语言、拓展思维的过程，"走入"是奠基，"走出"是增值。我们要引领学生走进文本的言语深处，把握文本的价值。同时我们也要在走进文本之中时能适时带领学生走出文本，引导他们在语文大世界中汲取知识养料和精神养料，学会运用语言，提升语文素养。

参考文献

［1］中华人民共和国教育部.义务教育语文课程标准（2011年版）［S］.北京：北京师范大学出版社，2012.

［2］阮美好.语文教师的文本解读［M］.北京：中国轻工业出版社，2014.

［3］甘俊业.我的语文解读观［J］.学科研究·小学教学，2010（11）：64.

［4］闫学.小学语文文本解读［M］.上海：华东师范大学出版社，2012.

利用信息技术，有效呈现语文教学内容的研究与实践

德国一位学者有过一个精辟的比喻：将15克盐放在你的面前，你无论如何也难以下咽。但将15克盐放入一碗美味可口的汤中，你早就在享用佳肴时，将15克盐全部吸收了。如果把语文的学习内容比作15克盐，怎样把它灵活多样、有效地呈现给学生，激发学生学习的积极性、主动性就显得尤为关键！经过不断的实践，我认为，利用信息技术可以有效呈现语文教学内容。

教育部颁布的《基础教育课程改革纲要（试行）》中也明确指出："大力推进信息技术在教学过程中的普遍应用，促进信息技术与学科课程的整合，逐步实现教学内容的呈现方式、学生的学习方式、教师的教学方式和师生互动方式的变革，充分发挥信息技术的优势，为学生的学习和发展提供丰富多彩的教育环境和有力的学习工具。"这句话一方面指出了信息技术是实现教育现代化的重要途径。另一方面，它也指出了信息技术在教学中的应用将对教学内容的呈现方式、学生的学习方式、教师的教学方式和师生的互动方式等产生深刻的影响。但它要求教师把握住教学的契机，根据学生不同的知识背景和知识发展水平，采用文字、列表、图片、音像等不同的方式恰到好处地呈现教学内容，优化课堂教学，以此激发学生参与学习的兴趣，调动他们的学习内动力。

一、"文字"式适时呈现教学内容

语文教材虽然向我们呈现了丰富的文字内容，但它是"平铺直叙"式的，比较死板，难以勾起学生的兴趣和思考的深度，这需要教师在教学时充分利用好教材中的文字内容，或适当补充文字型的内容，让学生通过学习感

悟这些文字的内在意蕴。文字型的材料包括儿歌、故事、诗歌、谜语、名人名言等，这些材料对学生来说，有着一种特殊的亲和力。

（一）谜语

谜语导入法是小学语文课堂比较常用的一种方法。它能激发学生学习的兴趣，调动其学习积极性和求知欲，使其学习动机由潜伏状态转入活跃状态。不过，要让谜语这位"语"秘书来到课堂时不显得那么"突兀"，而显得自然而然，当然也是有技巧的。

在导入三年级下册第2课《燕子》的教学时，我兴奋地说："中央电视台，中央电视台！各位亲爱的观众朋友，欢迎收看'幸运猜猜猜'节目，我是主持人，请看屏幕，今天我们的幸运竞猜谜语是：身穿黑缎袍，尾巴像尖刀，冬天向南去，春天回来早。——打一动物"（屏幕显示）

"燕子！""燕子！""燕子！"

教师点击屏幕，说："我们一起看看答案正确吗？"（屏幕上果然出现了"燕子"二字。）

"恭喜你们答对了！"

……

课堂上学生兴奋的心情和成功的喜悦溢于言表，显示出教师可以顺势引导他们进入学习的状态了。

（二）语段

语言文字的训练，关键是要训练语感。但语感的获得不是轻而易举的，需要教师的提示、启发。此时，利用信息技术在学生与文本之间搭设一座桥梁，就可以"分解语言""合并语言"，让学生逐渐走进文本，深入文本，受到感染和熏陶。

如在教学《地震中的父与子》一课时，我紧扣"了不起"这一文眼，指导学生重点理解文中体现"父亲了不起"的语句。在讲"他挖了8小时，12小时，24小时，36小时……到处都是血迹"一句时，我在屏幕上出示了两个句子：

他挖了8小时，12小时，24小时，36小时……到处都是血迹。

他挖了36小时……到处都是血迹。

我让学生自由读句思考"父亲挖了很长时间，作者这样烦琐地罗列时间的进程，为什么不直接写出挖了36小时呢？"学生在反复的比较诵读中，明白了父亲的执着，父亲对儿子的爱。然后我再让学生思考"是什么支撑着这位父亲这样苦苦挖掘？"学生在反复的叩问、揣摩中再一次深刻感受到父亲对儿子浓浓的爱："是信念。""是父亲对儿子的承诺。""是父亲救出儿子的决心。""是父亲对儿子深深的爱。"于是，我就在句子下面根据学生的回答，随机打出相应的词语如下：

他挖了8小时，12小时，24小时，36小时……到处都是血迹。

（信念、承诺、决心、父爱）

最后，学生由衷地发出这样的感叹："这是一位了不起的父亲。"我围绕这段话，紧扣"8、12、24、36"这几个数字，通过对话，将其演绎为"信念、承诺、决心、父爱"，所以学生在朗读句子时就不是在读硬邦邦的数字，而是对父爱的赞叹。

（三）数据

数据既无形象，又不能抒情。但只要经过教师的巧妙点化和运用，冷冰冰的数据同样能撬动学生认知的杠杆，起到意想不到的效果，创造别样精彩的课堂。如《只有一个地球》一课中，为了体会人类对地球的破坏，我这样组织教学：

师：不光是这些，看看地球每天都在发生着什么变化？

（点击出示：数字用红色、加深、偏大的字体）

每天，我们的地球有15亿人呼吸受污染的空气，至少有800人因此死亡。

每天，我们的地球有1500吨氟利昂排入大气层，严重破坏着保护地球的外衣。

每天，我们的地球至少有1500人死于饮用不洁水造成的疾病。

每天，我们的地球有12000桶石油泄漏到海洋里。

每天，我们的地球有55000公顷的土地变成不毛之地。

每天，我们的地球有55000公顷的森林被大火、砍伐毁于一旦。

每天，我们的地球有800亿吨水在悄然流失。

……

师：你有什么想说？

生：人类真是太残忍了。

生：人类在毁灭自己。

一组组数据刺痛学生的眼睛，敲击着学生的心灵，使他们情动而辞发。

二、"列表"探究式呈现教学内容

乌申斯基说："比较是一切理解的思维的基础。"列表式呈现教学内容，就是把内容或形式上有一定联系的两种或多种材料放在一起进行比较教学，通过分析归纳、对比鉴别，或异中求同，或同中求异，培养学生的分析、比较、概括能力，便于学生理解和把握。

如在《最想对爸爸（妈妈）说的话》习作讲评课上，我是这样引导学生欣赏好题目的：

课前，通过评阅学生的习作，我把学得好的题目和作者的名字打在了PPT上。如下：

表3-3　习作评价表

等次	作文题目
一等奖	《妈妈，请您换种方式对我》
	《妈妈，别让爱太沉重》
	《妈妈，求求您放了我》
二等奖	《爸爸，我懂得了你特别的爱》
	《妈妈，我太累了》
	《妈妈，别总让我难堪》
其他	《爸爸妈妈，我想对您说》
	《感谢您，爸爸》
	《我要对爸爸说的话》

课上我跟学生说："让我们先来欣赏一下这次习作拟得精彩的题目，这些小作者在哪里？请你们自豪地把自己的题目读出来。其他同学听一听这些题目给你留下了什么印象？"受表扬的学生马上站了起来自豪地把自己的题目念了出来。我问其他学生："听了这些题目后，哪些给你留下了深刻的印象？"学生争先恐后地把手举了起来，有的说这些题目很吸引人，尤其是黄子浩的《妈妈，请您换种方式对我》、蔡雅雯的《妈妈，别让爱太沉重》和徐日恒的《母爱，触动了我的心灵》，有的说这些题目起到画龙点睛的作用，一看这题目就大概知道文章的主要内容了。我马上进行小结："是的，

俗话说'好题文一半'，像这些习作的题目就是一个好的题目。如果你的习作也有一个新颖的、吸引人的题目，你的文章就成功了一半。"

利用信息技术，引导学生欣赏优秀的题目，不但能激发学生的阅读期待，而且能培养学生良好的阅读习惯——从文题入手，快速获取阅读信息，学习到该怎样去起一个好题目。因此，在后来的习作中，我发现很多学生的题目都很新颖，别出心裁。

三、"图片"式形象呈现教学内容

书本上的插图、杂志上的图画、自己拍的照片等图片型教学内容能对人物、环境、主题等提供生动叙述，有助于形象地展现教材内容，促进学生的学习。

如在教学《威尼斯的小艇》一课时，因为课文插图是海港全貌图，对于学生了解小艇的样子不够清晰，于是我从网上选取了一张清晰的小艇大图引导学生观察："小艇还像什么？"学生的表象清晰了，有的说"小艇像眉毛"，有的说"小艇像镰刀""像香蕉"。

又如在《自己的花是让别人看的》一课中，为了理解"花团锦簇、姹紫嫣红"这两个词语，我先引导学生想象"花团锦簇、姹紫嫣红"是怎样的画面，而"花的海洋"和"应接不暇"又是怎样的情景。学生感悟出字面的意思是整条街的花就像海洋一样，无边无际，十分美丽！我再引导学生读出感受，但此时他们的体会是不够深刻的，于是我在屏幕上展现了大量色彩艳丽、繁花似锦的图片，通过画面的拉近、拉远、更迭、定格，让学生感受、体会，反复吟诵："走过任何一条街，抬头向上看，家家户户的窗子前都是花团锦簇、姹紫嫣红。许多窗子连接在一起，汇成了一个花的海洋，让我们看的人如入山阴道上，应接不暇。"

四、"音像"式多元呈现教学内容

教材呈现给学生的信息资源大都是静态的画面，学生需被动地去理解画面的意思，如果照本宣科，就会不利于引发学生产生问题，不利于促进学生的思考和探究，不利于学生主动建构知识。要转变这种状况，就要求教师活用教材资源，改变教材的呈现方式，把静止的画面变为动态的画面。运用幻灯、电视、电影、录像、录音、计算机、网络等手段多层次、多角度地呈现教学内容，从而使教学更生动、更直观，既有利于增加教学的信息流量，也有利于激发学生的学习兴趣，使语文课堂发挥其无穷的魅力。

（一）游戏

游戏活动是吸引学生主动参与学习的一种好形式。由于学生具有好奇、好动、好胜的心理，教学时组织学生开展游戏活动，可以使抽象的教学内容在生动活泼的课堂活动中为学生所接受，达到寓教于乐的目的。

电脑是一个非常丰富的载体，也是寓教于乐的工具，我们把学生分成两人一组在电脑上进行拼读练习。学生一人打出音节，另一人拼读。教师还利用电脑的广播教学方式在每一位同学的电脑中闪出一至两行用拼音写成的句子，看谁最先拼读成功，谁最先完成拼读，谁就按举手键，教师马上就知道结果，立刻在电脑上给他一个奖励。在这个过程中，学生不用写，不用记，他们当这是一种游戏，是一种乐趣，把电脑当成了游戏机。学习兴趣的高涨必然换来学习的高效率。

（二）影视

综观语文教材，很多语文课文都曾在一定的影视作品中反映其部分或全部。在新课程改革背景下，影视资源以其特有的文化魅力展现着它的独特性、综合性和直观性。我们在教学中可以利用影视作品补充课文空白，帮助学生理解课文。

比如《七律·长征》这一课，它是伟大领袖毛泽东指点江山、激扬文字的杰作。它是一首七律，其体裁特殊，且诗中有一些如"腾细浪""走泥丸""云崖暖""铁索寒""尽开颜"等颇具时代和历史背景的词语，对于身为"独生宝贝"的他们无法理解。因此，我先让学生观看"巧渡金沙江"和"飞夺泸定桥"的录像片段，再指点学生体会"暖"实指心里暖，表达了巧渡成功的愉快；"寒"则写出了强渡的惊心动魄。历史情境的再现，使学生学得轻松愉快，且触动颇深。

（三）音乐

欣赏音乐能激发人的思维，丰富人的想象力，培养人的创造力，启迪智慧，陶冶情操。随着教改的不断深入，"音乐"以其独特的方式，逐渐走进了我们的语文课堂。恰当气氛的营造，能使学生产生身临其境的感觉，形成立体感知。眼睛似见其形，耳朵似闻其声，鼻孔似嗅其气，皮肤似触其质，多种感官并用，提高学生的感知强度，强化教学效果。如《七律·长征》的雄壮、《快乐的节日》的欢快、《草虫的村落》的静谧、《月光曲》的变幻莫测等，我们均可采用不同的音乐来制造适宜的气氛，为学生创设特殊的情境，让学生带着对音乐的感悟，进入对课文的阅读理解。

音乐除了作为配乐，它的适当运用还有助于理解文本。如教学季羡林的《怀念母亲》一文结束时，我播放了《我的中国心》与学生同唱，让他们感受爱国情怀。

总之，在小学语文教学中，教师要善于利用信息技术，从学生和教材的实际出发，精心设计教学内容呈现的方式，把握好信息技术使用的量和度，要锦上添花，不能喧宾夺主。只有根据语文学科的特点，深入研究使用这种教学工具在语文教学中的运用方法与策略，才能发挥它的巨大作用。

参考文献

［1］刘晔.电脑辅助学拼音拓展学习空间［J］.教学与管理，2002（32）.

［2］刘春桃.信息技术引入语文课堂初探［J］.情感读本，2018（14）.

［3］赵枫，王月虹.请音乐走进语文课堂［J］.文学教育，2007.

［4］吴平华.浅谈运用信息技术改善课程内容的呈现方式［J］.中国校外教育，2012（17）.

依托信息技术，优化古诗词
教学内容的整合

有些教师说："教古诗真轻松，只有几十个字，强调字词，解释句子，学生做好笔记，会背就行。"

于是，课堂就变成了满堂的背诵，肤浅无比的问答，刻板呆滞的翻译。古诗词的课堂缺少了意境，没有了美感，丢失了能力。这与课程标准是相违背的，因为课程标准明确指出："诵读优秀诗文，要注重情感体验，感受语言的优美，能初步理解、鉴赏文学作品，受到高尚情操与趣味的熏陶。"古诗词的课堂，应该是学生受到感染和熏陶的课堂，是学生积累和沉淀的课堂，它是学生在教师的引领下从走近古诗词，到走进古诗词的过程。信息技术为学生建立了一个立体式的学习情境、动态的教学环境，可以开阔学生的视野，丰富学生的想象力，充分激发学生的学习兴趣。教师在古诗词教学时，可以依托信息技术设备，优化整合各种教学资源，提高古诗词教学的实效性。

一、数据筛选，巧设切入，引入教学内容

切入点就是触动点，它能激起学生的学习热情，使其产生探究的欲望。如何利用信息技术，查找各种资源设计好切入，让学生在教师的简短开场白后，立即被吸引，快速进入教学内容的学习，就成了高效课堂的关键一环。

（一）引用评价

无论形式上还是本质上，人的心理深层都有欣赏和追求美好事物的先天倾向。古诗词作为中华民族文化中的一朵奇葩，后人对很多古诗词都有鉴赏和评价，教师在备课中可以利用信息技术，查找后人对这首诗词的评价的

相关资料，对相关数据和信息进行收集和整理，以此激发学生无限的学习热情，进入"乐学"的"欲罢不能"之境。

如在教学《渔歌子》这首词时，我利用信息技术，收集了大量有关世界各地对它的高度评价，从这些评价中选取了大诗人苏轼和陆游，选取了最接近中国文化的邻国日本，用排比的句式深情阐述，并在课件上展示人物的评价：

师：有一首词，大诗人苏轼对它赞不绝口；有一首词，日本天皇也为它吟诵；有一首词，在中国得以盛传百年。

（学生饶有兴趣）

师：想听一听这首词吗？

（老师配乐诵读）

通过老师言语的煽动和图片展示，把学生带进一个文学的殿堂，学生对这首词的学习渴望油然而生。

（二）介入背景

背景介绍是古诗词教学的重要组成部分，其目的在于让学生明白诗中的典故，知道来龙去脉，从而更深刻地理解诗意、感受诗境、体会诗情。古诗词言简意赅，且历史久远，如果缺少背景资料的介绍，学生是很难理解诗词的内涵的。这就要求教师利用信息技术，整合背景资料，提供相关的历史信息，使学生能直观地了解写作背景，排除古诗词学习环节由于年代相隔久远而无法产生共鸣的大障碍。一位教师在《闻官军收河南河北》一诗的导入环节既出示"安史之乱"的文字介绍，又有视频片段的播放，还利用多媒体图片展示的相关功能，适时标出诗中出现的剑外等六个地名。正因为有了教师对当时背景的生动介绍，学生才会轻易地进入古诗学习的氛围。

当然，信息技术支持下提供的古诗的背景资料包含甚多，究竟该介绍什么，需根据实际要求而定。如与诗意理解关系不大或没有关系的，不必介绍，如背景与诗句理解关系密切的，就应认真考虑、精心选择。

（三）聚焦诗眼

古诗词是凝练的，诗句中最精华的部分就是"诗眼"，它是指一首诗词中最精练传神的一个字或一个词，它是全诗的意境和诗人情感的凝聚点，诗的灵气所在，是作品点睛传神之笔，可起到"牵一发而动全身"的效果。因此，教师可以利用信息技术的搜索功能，帮助自己吃透教材，找出"诗眼"，以此为主线铺开教学内容，而不是一句句地教。

在《渔歌子》一词的备课中，我以"不须归"为主线，首先让学生通读明白"不须归"哪里——不须归家；然后引导学生从词中找出"不须归"的原因——西塞山前白鹭飞，桃花流水鳜鱼肥，作者被这江南风情的大自然所陶醉了。了解了"不须归"的表面原因后，引导学生再读这首词，并追问：张志和斜风细雨不须归的仅仅是家吗？在筛选数据时，我发现了不同教师的观点：有的教师跟学生讲张志和的官场失意，看破红尘才归去来兮之类；有的教师认为，四年级学生会一头雾水，我们要让学生解读到的仅仅是"沉迷自然，乐而往返"即可，大可不必深层次地探讨。但我通过信息技术下的资料收集，思量再三，我想：写词的人跟我们现在写文章不是一样吗？作者不就是想让你读懂他的心吗？这样描写张志和向往悠闲自得的垂钓生活的词不是还有另外四首吗？这些词的基调是那么的一致。生活向往"真"，读词也应该一样，把作者真实的情感展现在学生面前——读懂词中人，也只有学生读懂了作者的情，他们才会爱这首词，才会有读的欲望，才会欣赏古诗词，从而爱上古诗词。于是，我引领着学生拓展阅读另一首《渔歌子》：

（学生自读）

（课件出示：哪怕_____，哪怕_____，我也不须归。）

生1：哪怕枫叶落，哪怕荻花干，我也不须归。

生2：哪怕吃不好，哪怕睡不好，我也不须归。

……

师：诗人完全被山水陶醉。所以，诗人——

（学生齐读最后一句）

（师生和诗）

……

生：我钓的是自己悠闲的生活。

生：我钓的是自由自在的生活。

整节课的教学，聚焦诗眼——"不须归"铺开教学内容，利用技术媒体的功能探究作者"不须归"的数次之多，层层递进，并让学生反复吟诵词的最后一句，使学生达到与文相依、与人相知的境界。

二、情景交融，多元融合，感悟教学内容

语文教学具有开放性，古诗词教学也应把师生生活中的素材融入古诗词

课堂中去。信息技术可以将这些素材融入教学中，拓展教材，整合优化诗词的教学内容。

（一）与诗画融合

我国宋代文学家张舜民说："诗是无形画，画是有形诗。"诵读诗词的同时，诗中的意境就像一幅神奇的画卷悄然打开，给人以无限美的享受。利用信息技术，在教学中，制作Flash动画播放故事图片，让学生想象画面，可以将诗词的语言文字变成一种可说可感的意境，从而优化感知教学内容。

例如，在《赠汪伦》一课中：

师：请大家默读这首诗，你眼前仿佛看到一个怎样的情境？

（学生默读）

生1：我仿佛看见了李白和汪伦非常留恋地辞行。

生2：我仿佛看见了李白和汪伦辞别，汪伦用脚打着拍子，唱着歌赶来跟李白辞行，李白用潭水比喻汪伦对他的情。

生3：李白当时正在船上，他们依依不舍。

……

师：汪伦急匆匆地来相送，李白和汪伦之间会说些什么呢？请同学们观看Flash动画。

请同桌演一演。

学生展示：

李白驻立船头，忽然听到和着脚步的节拍唱歌的声音，只听见汪伦喊道："李兄，请留步。"

李白拱手相迎说："汪兄，你怎么来了？"

汪伦说："我是来送行的，今日一别，不知何时才能相见啊？"

"有缘，我们一定能再见的。"李白伤心地说着。

"李兄，多多保重啊。记住要常回来看看我们啊！"李白在村民的送别声中起航了。

……

在教学中，利用信息技术，制作Flash动画或幻灯片反复播放故事图片，在学生的演绎中，李白和汪伦分别的不舍、情谊的深厚都得以展现，对教学内容的感知就尤为深刻。

（二）与音乐融合

诗词是可以吟唱的，是具有音韵美和节奏美的。我们可以收集整理适用于课堂的音乐，让音乐融合在课堂中，为我们的课堂教学和学生服务。

通过多媒体让学生置身于一个有声的艺术氛围中，以音乐煽情，使学生的情绪受到感染。如《忆江南》，一位教师在教完这首词后，引导学生拍手唱读，接着她启发学生用音乐配乐唱，学生想到了用《新年好》《小螺号》《叮叮当》等音乐唱诵，学生在愉悦的音乐中轻而易举地背诵了这首词。在赏读李叔同的《送别》时，播放音乐，学生跟唱，再加上教师适时点拨创作背景，学生在轻松愉悦的学习状态下，加深了对《送别》的理解和记忆。

（三）与练笔融合

与练笔融合是指让学生对古诗词的语言进行加工改造，重新组合和表达，既是对古诗词感知或理解的把握，又可以强化语言的训练。在信息技术支持下，我们将学生加工后的文字与诗词进行对比，进一步体会诗词的神韵。

在学习《清平乐·村居》时，在学生已经充分理解后，我设置了一个练笔：将这首词写成一段话。有位同学改写道："低矮的茅屋前有一条清澈见底的小溪，溪边长满了碧绿的青草。一对白发老夫妇正悠然自得地坐在茅屋前……"同样，在学习完《舟过安仁》《牧童》后，也可以引导学生根据诗意写出一段或几段话，加深学生对诗的理解和感悟，学生的感悟必定会更加深刻。

三、开放链接，建构主题，丰富教学内容

要提高学生的诗词素养，并不是仅仅依靠教材上的几篇诗词就可以的，而是通过教师拓展链接更多的诗词，引领学生阅读，从而丰富诗词教学的内容，绽放诗词的魅力。通过信息技术的开放链接，使多个文本碰撞交融，在强调过程的生成性理解中，实现课程主题意义建构的开放性教学。

（一）从同一主题进行拓展

面对同一轮圆月，多少诗人抒怀兴叹；面对同一条长江，多少诗人挥洒豪情；面对春天，多少诗人畅说愉悦。依托信息技术的展示功能，将同一主题的诗作放在一起拓展学习，就形成了一个"振点"，学生就会被一次次地

触动。如教学四年级下册第23课时，我把《乡村四月》和《四时田园杂兴》同时展示，因为这两首都是描写田园的古诗。其中依据《乡村四月》中描写乡村景物的诗句，我又结合园地六的日积月累随机出示六句关于田园乡村的诗句进行诵读……在诗句的回环诵读中，对田园乡村的赞颂情感不断触动学生，美丽的意境使学生悠然向往。

（二）从同一位作者展开拓展

一篇诗作是诗人在某个特定的时空情绪的宣泄，而同一诗人在不同时期的相关诗作，凸显了诗歌不同的情感内核。如在学完了李白所写的《独坐敬亭山》一诗后，我组织学生进行了一次朗诵比赛。在比赛中，展示李白在不同时期创作的数首相关诗篇，引导学生诵读，如《望天门山》《赠汪伦》等，将学生比较陌生的诗词通过课件展现出来，不需要学生一句一词地领悟，但诗人的才情必定会感染学生，如心仪同学说："李白不愧是诗仙，既能写好景物诗，又能写好送别诗，还那么爱国，多么令人敬佩啊！"

（三）从同一题材类比拓展

古诗词按题材可分为多类，在教学时可根据不同题材进行类比拓展。我在教学李白的《赠汪伦》一诗时，利用信息技术，引导学生自学多首送别诗，如《送孟浩然之广陵》《送元二使安西》《别董大》等，适时点拨学生了解诗中送别的不同方式——目送、借酒相送、话别，同时学生也感悟到了送别的方式虽然不同，但诗中表达的情谊却是一样的深刻。接着，我进行了"我能辨一辨不同的送别方式"挑战赛，通过多媒体出示选择、判断、辨析等题，增强了同一题材的类比拓展，学生在比较中有所感悟，也增强了学生的阅读量，丰富了教学内容。

信息开放的拓展链接，并非简单地一带多，我们应根据诗词的特点，如体裁不同、内容差异等，结合推荐篇目，链接主题一致的、同一作者的、不同题材的资源，以丰富教学内容。

感谢信息技术带给诗词教学的润泽，它让学生们爱读、会读、想说、会写。依托信息技术的古诗词教学，让学生在课堂一次次的愉悦体验中，打开了一片新的阅读天地，提升了学生们的诗词素养。

参考文献

[1] 中华人民共和国教育部. 义务教育语文课程标准 [S]. 北京：北京师范大学出版社，2012.

[2] 张家龙. 诗意诗情诗韵——我的语文与艺术整合课《咏鹅》[J]. 小学语文教学，2015（24）.

[3] 吴平华. 浅谈运用信息技术改善课程内容的呈现方式 [J]. 中国校外教育，2012（17）.

[4] 张洪玲. 以诗学诗，以诗悟诗 [J]. 中小学电教，2009（12）.

对联在教学中的切入、融合和拓展

对联，雅称楹联，俗称对子，是中华民族文化中的一朵奇葩，被称为诗中之诗，画中之画。千百年来，我国人民创作了许多脍炙人口的名联佳对，现在欣赏这些绝妙好联，如含英咀华，齿颊留香。在教学中若能巧妙运用，既可激发学生的学习兴趣，又可开阔学生的视野，提高其语文素养。

一、切入——激起思维的浪花

一个好的教学切入是师生间建立感情的第一座桥梁，如何整合内容，设计好切入点，让学生在教师的简洁开场白后，立即被吸引，激起学生思维的浪花，就成了高效课堂的关键一环。传承了一千余年的中华文化遗产——对联，积累了众多的对联趣话。由此，教师可以介绍对联趣话为切入点。

如在教学《卖火柴的小女孩》一课时，我直接引用对联导入：

宋人吕蒙正，有一年过春节，门上贴出一副对联："二三四五，六七八九。"这副对联招来了众人的围观，人们初看，认为这副对联没有水平，但仔细一想，却觉得妙不可言。你知道它的横批是什么吗？

生：缺一（衣），少十（食）。

师："缺衣少食"是多少穷苦人民的哭诉啊，"衣"和"食"是生存最基本的需要，可缺少它们的不止中国古代的穷苦人们，世界各地的穷苦人们也是那么企盼它们，今天就让我们走进《卖火柴的小女孩》这篇课文，去感受他们的苦……

在这一简明而寓意深长的对联中，学生愉悦感受到它的作用与魅力，产生了学习的热情。通过教师言语的煽动，学生对学习的渴望油然而生。

二、融合——燃放对联的魅力

在语文课教学中，若能运用对联来概括课文主要内容，并对课文的写作特色、作者的写作风格加以升华，不仅能够丰富学生的对联知识，而且能够加深学生对课文内容的理解。只要我们运用得当，就可以起到画龙点睛、锦上添花的奇效。

（一）与人物品质融合

在教学《我的伯父鲁迅先生》一课时，学生知道鲁迅的追悼会上许多人写了挽联追悼他，于是我从鲁迅的一句名言，同时也是反映他精神写照的一句对联展开，在黑板上写道：横眉冷对千夫指，俯首甘为孺子牛。并投影出示其他人士的挽联：

鲁迅先生不死
中华民族永生

一生战斗刚毅不屈，是青年先锋
满腔热血慈爱至诚，为大众导师
……

在对联学习中，鲁迅的形象逐渐高大而丰满，他的精神品质更植根于学生的心上，成为学生学习的楷模。

（二）与文章内容相融合

在课文教学过程中，我们可以根据课文内容，适当引入与其相关的对联，或用文中词语写成一副副"读后感"式的"课题文联"，在丰富教师授课内容的同时，读起来朗朗上口，易于理解和接受。如在学习完《周总理，你在哪里》这篇课文时，我总结道："人们深切悼念周总理，曾有人写了这样一副对联'青山含悲声声泪，声声呼总理；碧水长歌字字血，字字哭忠魂'。请同学们也读一读……"学生在朗读中，悲切的气氛一下子变浓了，学生读起文章就更用情了。

对于《月光曲》一文，我引用对联"处境展才华，窗前初奏月光曲；倾情献兄妹，时代褒扬贝多芬"。对于《地震中的父与子》，我引用对联"承诺声洪，挖废墟昼夜没停双手；救活子命，凭信念身心越冬亲情"。学生在我的启发下，涌现了创作的灵感，在小结课文时创作了一副副对联，如对于

《卖火柴的小女孩》一文，学生写道："孤灯残雪，月下赤脚卖火柴；断梗幻幅，墙角冻死苦命孩。"对于《乡下人家》一文，学生写道："小桥，流水，处处尽显农家美；房前，屋后，时时皆洋乡下乐。"对于《北京的春节》一文，学生写道："除夕家家酒肉香飘十里；元宵户户彩灯遍挂百街。"

（三）与习作融合

对联，其言简易，如能巧妙地运用于习作中，就能起到画龙点睛的作用。如学生在欣赏了温泉的杜鹃花以后，在文章的结尾这样写道："多美的杜鹃花啊，在这山，这水，这鸟的映衬下，不正是'杜鹃啼血映山红，翡翠掠波透水绿'吗？"

又如一学生在《雾中的大岭山》一文中，描绘了自己看到的景象：

从脚下到天边，我的视野所及的世界，全部被那一片奇妙的云雾淹没了。好像它们是仙气，我伸手一捧，仙气便从指间溜走。我仿佛也成了一位仙人，什么烦恼忧愁全被一眼望不到边的云海淹没了，留下的只有啧啧的赞叹。在山顶，云开得快也消失得快。一丝微风，都能让云雾在山峰间窜动，活像一个淘气的精灵。太阳缓缓升起，大雾中只看见一团红晕，迷茫中发出淡淡的红光……

多美的描写啊，小作者将雾的动、静，以及自己的感受写得如此细腻，让人如临其境，不禁产生也想一游的感觉，心动之余，我情不自禁地给他补了一句"……淡淡的红光……"这真是"天着霞衣迎日出，峰腾云海作舟浮"啊！

三、拓展——让对联在生活中留香

巧用对联话生活，不仅给课堂带来了勃勃生机，也让学生用更加睿智的眼光去关注生活，体悟生活，正所谓"心花一瓣，余香长留"。

（一）结合节日

每到春节，我都会给学生布置一项特别的寒假作业，要求学生综合家中情况自己编对联，或要求学生自己用毛笔书写对联，或要求学生抄录见到的有特色的春联等。我班的同学总是喜气洋洋地写上几副对联，贴在了自家门前。因为有了平时书法的好底了，再配合那么表情达意的创作，邻居们都向他们讨要。看到几户人家的门前都贴着自己书写的对联，学生心里别提有多自豪了。

（二）结合活动

在校园内，我们常常举行各类活动，如"六一"儿童节、中秋节猜灯谜活动、校运会等，我常常利用这些活动让学生运用对联。如在体育周举行年级篮球赛时，我组织赛场旁边的啦啦队队员们的对联式加油口号别具一格。在场外为篮球比赛助威的学生啦啦队队员举着一副副"对联"为自己班的队员加油——"方方场地燃烧火热激情，圆圆篮球传递纯真友谊""一球，两球，球球进篮；两分，三分，分分可得"，使学生在运用对联知识的同时把活动推向了高潮。

今年，我在班上搞了一个有奖征联活动，我给出了上联"联小传承国学创品牌名校"，学生人人参与，创作了一件件优秀作品：李桃续写新篇设优等杏坛；星园造就天才培优等桥梁；师生陶冶情操显民族伟人；星光洋溢瑞气折荣誉桂枝；严亲关爱孩儿育英俊少年……学生在竞赛中既重温、巩固了对联知识，又增强了作为联小人的自豪感。

（三）结合生活现象

对联源于生活，又高于生活，它是生活中无处不在的文学样式。若能结合社会大环境，让学生灵活运用对联，则符合语文源于社会实践又回归社会实践的规律。在教学中针对各种现象，我巧用对联让学生用更加睿智的眼光去关注生活，体悟生活。

从家访中，了解到我们班有些同学非常尊敬家里的长辈，有些同学比较冷漠，甚至恶言相向。为了弘扬尊老的传统美德，我利用队活动课，给他们讲了《孝感动天》《亲尝汤药》《百里负米》《鹿乳奉亲》等故事，唤起他们尊老的自我要求。并书写"敬爱无亲疏，天下高龄皆父母；老残不孤独，人间晚辈尽儿孙"……学生获得赠联后，把对联贴在家门上，荣誉感倍增，其他同学也从中反思自我，有所醒悟。

如针对期末复习时学生精神状态不佳，甚至有学生出现厌学的情绪，我引导学生每人搜集或自创一副对联作为自己的座右铭，用统一的格式书写，贴在各自的课桌右上方。它们中有："悬梁刺股，但为游刃有余；静气平心，方能稳中求胜""学无止境，上下求索路途远兮；勤有硕果，天地洪荒终有智哉""懒惰厌学难成器；勤奋博学出状元""努力拼搏，今朝汗洒书本；冲刺飞跃，明日笑映容颜"等名联，同学之间互相交流，互相勉励，既积累了语言，又陶冶了情操。又如学生之间发生矛盾，我送他们一联"退一步天空海阔；让三分心平气和"。某同学竞赛失利，我赠言"失败是成功之母；努力乃金波之梯"。

在语文课堂教学中，巧妙恰当、合理地引用对联，以引起学生的学习兴趣，拓展语文教学的领域，丰富语文教学的内容，提高学生语文学习的能力，应该是一种有益的尝试。

依托信息技术，优化识字教学

信息技术是现代教育发展背景下最成熟的教学辅助技术，其在小学语文课堂教学中得到了广泛的应用，其中以识字教学环节的应用效果最为突出。识字教学作为语文教学中最基础的内容，为进一步提高其课堂教学质量，成为小学语文课堂的基础目标。为此，教师必须进一步加强对信息技术在小学语文课堂上的应用分析，发挥信息技术的优势，让小学语文识字教学变得更专业、更高效，从而提高学生的识字学习效率，为学生的语文素养奠基。

一、信息技术在识字教学中的应用价值

信息技术作为典型的教学辅助工具，做好对其在小学语文识字教学中的应用价值分析，能够让教师更好地认识到信息技术在小学语文识字教学中的地位，这对于提高小学语文识字教学质量具有重要作用。

（一）激发学习热情

对于小学阶段的学生而言，由于其年龄较小，对学习的内容缺乏认知，在学习中极易受到多种因素的影响，学习氛围、学习方式会直接影响到学生的学习兴趣。小学生具有极强的好奇心，信息技术教学作为新型教学模式，能够有效激发学生的好奇心，满足学生的学习需求，实现识字教学中动态与静态的有效结合，为学生营造良好的学习氛围，使学生在好奇心驱使下，积极主动地参与到识字教学活动当中来，为识字课堂教学效率的提升打下良好的基础。

（二）增强学生识字效果

将信息技术应用到小学语文识字课堂教学中，还能够增强学生的识字学习效果。对于心智尚未成熟的小学生而言，他们的逻辑思维能力有限，所以他们更喜欢简单、具体、形象的知识。然而，汉字是具有典型抽象意义的知

识，其需要学生具备一定的逻辑思维水平和想象能力才可以完成学习。在这种情况下，教师要想让学生取得良好的识字效果，就必须进行具有针对性的教学设计。而信息技术的有效应用，能够从学生的认知角度入手，将结构复杂的汉字变得具体、形象，以学生能够理解的方式呈现出来，这可以有效降低学生的识字难度，增强他们的学习效果。

二、小学语文识字教学存在的问题

小学语文识字教学是语文教育阶段最基础也是最重要的知识内容。然而，从当前的小学语文课堂教学模式来看，其存在的问题严重影响了学生的语文学习质量。

（一）识字目标不够明确

从小学语文当前的识字教学模式来看，其存在着识字目标不够明确的情况。从小学语文知识教育内容来看，识字作为最基础也是最重要的教育内容，其应当有明确的识字目标来作为教学标准，例如一年级学生要掌握多少个字，二年级学生要掌握多少个字等。但当前的小学语文课堂教学中，识字教学都是依托于课文而存在的，教师会因此出现重视课文阅读和理解，而忽视识字教学的情况，这使得小学语文教学脱离了本质，以至于学生在识字方面的掌握不够扎实。这不仅会影响学生的语文知识学习效果，还不利于学生的语文素养构建，要想实现素质教育目标，就必须转变小学语文识字教学现状。

（二）识字方法比较单一

识字教学方法比较单一也是小学语文识字教学中存在的典型问题。在实际教学过程中，因为生字都是依托于课文存在的，所以其教学模式始终采取"学生读课文，标生字""教师进行生字音、意讲解""学生根据生字对课文内容进行完善，并进行取生字的注音抄写"的方式。不可否认，此种方式确实能够帮助学生在识字过程中取得进步。但教师始终如一的识字教学方式，会让学生产生审美疲劳，进而导致兴趣下降，识字教学也会因为学生的学习动力不足而有所降低。考虑到识字教学在小学语文知识教学中的特殊性，做好对识字教学方法的创新刻不容缓。

（三）识字的效率比较低

在小学语文识字教学中，识字效率偏低的情况普遍存在。这不仅会影响课堂教学质量，还会导致课堂教学进度被拖慢；这既不利于学生的语文素养构建，也不利于小学语文课堂教学目标的实现。从识字教学工作角度来看，识字效率偏低的原因可以概括为教师方法单一、学生兴趣不足等几个方面，需要注意的是，这些识字低效原因之间存在着明显的关联性。所以教师要想转变小学语文识字教学现状，实现对识字课堂教学效率的有效提升，就必须加强对识字课堂的创新设计，通过运用新型教育技术来实现对课堂教学模式的改变，由此来完成对学生学习兴趣的激发，为小学语文识字教学工作的有效开展打下基础。

（四）识字的趣味性不浓

在小学语文教育过程中，教师要想保证课堂教学质量，就必须保证学生能够拥有良好的学习动力。然而，从小学语文当前的识字教学现状来看，教师过于单一的教学方式，让识字教学毫无趣味可言，这使得学生的兴趣需求无法被满足，这会严重影响学生的主观能动性，进而导致他们在课堂上缺乏与教师进行互动的欲望，学习状态也不够理想，小学语文识字课堂教学因此遇到了困境。

三、信息技术在识字教学中的应用策略

从当前的小学语文识字教学模式来看，要想发挥出信息技术对其课堂教学的辅助作用，就必须将信息技术落实到整个课堂教学中，为此教师必须做好以下几方面的工作。

（一）利用信息技术，开展识字课堂趣味导入

要想让学生完成对生字的认知，增强学生对生字读、写、记的学习效果，就必须激发出学生的识字学习兴趣，因为只有当学生产生了足够的兴趣，他们才会产生强烈且持久的学习动力。从小学语文课堂教学模式角度来看，兴趣激发的工作多由课堂导入环节予以完成，因此教师必须发挥出信息技术在导入环节的应用价值，以实现对学生学习兴趣的激发。

在课堂导入环节，为了保证信息技术应用的有效性，教师一定要保证所设计的信息技术内容能够符合学生认知，且能够让学生产生学习兴趣和认知冲突，由此来实现对学生学习兴趣的激发。例如，我在课堂导入阶段，就制作了象形字演变过程的Flash，其中包括日、月、雨、丁等汉字。在课堂导入阶段，我先为学生展示太阳的图片，让学生回答这是什么。之后，我为学生播放太阳向"日"字演变的Flash，让学生通过直观、具体、形象的观察，去

发现生活中的实物与汉字之间的关系，由此来完成学生对学习汉字兴趣、探究汉字奥秘的主动性的激发，让学生在良好的情感体验和学习态度下进行识字学习，为识字课堂教学效率的提升打下良好的基础。

（二）运用信息技术，实现识字课堂高效教学

在小学语文汉字教学过程中，虽然信息技术在课堂导入阶段就能够有良好的应用表现，但其最佳应用价值仍然要以课堂教学模式为主，所以教师必须做好信息技术在课堂教学环节的有效应用，为学生的识字学习效率提升带来帮助。从小学生的心智发育水平来看，他们虽然已经可以进行汉字的学习，但很多时候学习起来仍具有一定的难度，这是小学生逻辑思维发展过程中的必然现象。在实际教学过程中，教师要能够通过科学的教学方法，将识字学习难度降低，让烦琐、复杂的汉字变得简单易懂、清晰明了，才能够实现课堂教学目标，信息技术由此得以应用，并成为语文识字教学过程中的重要辅助工具。

在进行汉字结构的教学过程中，学生对于"左右结构"和"左中右结构"、"上下结构"和"上中下结构"，以及"独体字"和"全包围结构"的区分有些理解困难。针对这种情况，我运用PPT为他们进行了课件制作，并通过对PPT的讲解来帮助他们解决学习困难。以"狮"字为例，学生在学习该生字时，就存在将其看作是左中右结构的情况。为此，我用PPT对其注音、字体结构进行了详细的讲解，让学生明白了"狮"是形声字，从"师"音，因为是动物，所以在"师"字的左边加了一个"犭"，意为动物中的"狮"，所以"狮"字是左右结构的汉字。考虑到学生的认知误区，我专门将"狮"字拆成了"犭、师"和"犭、丿和帀"两种形式，然后让学生进行观察、对比并总结出两者规律，让学生意识到虽然"狮"字可以拆成左中右结构，但其是基于"师"字而存在的，所以"狮"字是典型的左右结构汉字，将其分为左中右结构是完全错误的。

（三）依托信息技术，完成识字课堂训练目标

在小学语文识字课堂教学中，为了巩固学生对汉字的学习成果，强化学生对汉字读音、结构、笔顺等知识的掌握，教师必须做好对学生的课堂识字训练。传统的课堂识字训练，虽然能够达到一定的教学效果，但形式枯燥、乏味，学生参与兴趣不足，训练效果自然达不到理想程度。为此教师必须创新识字课堂训练，以信息技术为基础的课堂训练模式由此得以出现。在实际

教学过程中，教师可以依托信息技术模式，为学生创设具有趣味性的游戏训练情境，让学生能够在游戏过程中，完成对汉字知识的强化训练，从而提高他们的学习效率。

例如，每完成一单元的学习后，我都会为学生设计一次识字游戏训练课，在该训练环节，我会为学生提供不同的汉字部件，让学生根据汉字的字音，准确找到汉字部件，并完成汉字的拼组。考虑到课堂时间的限制性，游戏采取每人3题，轮流进行的方式，根据学生游戏对错数量进行计分，并赠送对应数量的小红旗，期末学生根据小红旗的数量找我兑换小文具，由此来实现对学生学习成果的鼓励。在该信息技术支持下，课堂识字训练变得趣味十足，学生的识字效率也有了明显的提升，这对于推动识字教学水平进步起到了关键作用。

（四）借助信息技术，布置识字课后作业内容

课后作业作为课堂教学的关键环节，其不仅可以帮助学生巩固课堂所学知识，还能够让教师通过作业完成情况来了解学生的学习成果，给予教师最真实的教学反馈，为教师教学策略的调整带来支持。在小学语文识字教学过程中，传统作业以抄写、摹写为主，这种方式虽然能够在一定程度上强化学生的知识记忆，但并不利于学生真正去认识和了解汉字，所以教师必须借助信息技术完成课后作业布置方式的转变，由此获得良好的作业训练效果。

为了让作业变得具有趣味性，我利用信息技术为学生设计了一个小程序，在该程序中学生需要进行识字答题，小程序会根据学生的答题结果为他们选择作业形式和作业量，进行答题的学生按学号顺序轮换。在该作业布置形式下，学生会在课堂上更加专心地进行识字学习，以求让自己在答题时能够答对更多的题目，由此来让自己的作业变得轻松。与此同时，基于游戏的趣味性特征，学生完成作业的热情会得到显著提升，这会为作业完成率和完成质量的提升带来帮助，小学语文识字教学作业效率会由此获得提升，学生的识字水平也会因此有所进步。

综上所述，在实际教学过程中，教师作为课堂教学的设计者、执行者，其必须在充分掌握学生认知能力、水平的基础上，以信息技术辅助识字教学，从而实现学生学习兴趣的激发，促进识字课堂教学效率的进步，让学生可以在扎实的识字学习基础上，进一步形成语文基础素养。

参考文献

［1］董淑娟.利用信息技术优化小学语文识字写字教学［J］.中国教师，2018（S2）：80.

［2］李琴琴.基于信息技术的小学语文低年级识字类综合性学习教学思考［J］.文教资料，2018（17）：50-51.

［3］袁志锋.浅谈新课改下小学语文识字教学有效策略［J］.学周刊，2018（16）：53-54.

［4］陈香开.信息技术在小学语文识字教学中的应用［J］.当代教研论丛，2017（07）：97.

［5］韩梅.小学语文识字教学中信息技术的应用现状及策略研究［D］.扬州：扬州大学，2017.

［6］李阁玲.小学语文识字教学中信息技术的融合［J］.中国校外教育，2016（09）：167.

［7］曾旭晴.小学语文识字教学与信息技术融合模式的探索与实践［J］.文教资料，2017（09）：56-57.

［8］宋莹.浅谈信息技术与小学语文识字教学的有效整合［J］.基础教育参考，2017（03）：43-44.

凸显教师评价的"三度"，强化学生学习的内驱力

线上教育是一种全新的教学方式。3月9日以来，我们开始采用观看广州电视台教学视频+教师线上答疑的方式进行线上教学，学习的内容是教材的同步新课内容，每节课时间分两段：一段是观看视频（20分钟），另一段是练习与思考（20分钟）。课堂上出现了两位老师，视频中的授课老师不能与学生进行互动，不能及时了解学生的学习效果。如何实现教与学的和谐统一呢？这就需要一架天梯作为链接。我认为教师的评价就是这架链接直播视频与在线答疑的天梯，使学生从视频中学到的知识与方法得以落地，从而及时把握学生的学习发展情况，随时调整教学，优化线上教学的实效。

新课标明确指出，对学生的学习评价要以课程目标为依据，并考虑每一位学生的起点，应使过程评价与结果评价，定性评价与定量评价，横向评价与纵向评价，主观评价与客观评价紧密结合。由此可见，教师对学生的评价不是简单的"1"的评价，它是"N"的结合体，而且这个"N"是可感的、动态的、多彩的。教师的评价是学生学习的内驱力，催生学习动力，焕发参与激情，提升方法习得，时刻引领着学生的成长。

一、评价传递可感的温度

著名哲学家雅斯贝尔斯说："教育的本质意味着，一棵树摇动另一棵树，一朵云推动另一朵云，一个灵魂唤醒另一个灵魂。"没有温度，何谈唤醒？虽然线上教育师生之间隔着一个屏幕，但屏幕的背后是一个具有情感和思想的生命。他们期待的是被看见、被呵护、被欣赏。因此，教师的评价应该具有温度，让学生体验阳光般的温暖。

（一）童音同调

评价是为了促进学生的学，是以学生为主体的，教师的主导作用也是为了推动学生的学习。因此，教师的评价要从学生"听得懂、愿意听"的方面展开。

如《乡下人家》的互动答疑环节，教师推送：

> 练习1：从课文中找出形象生动的句子，读一读。（欢迎同学们发语音分享）

生1：青、红的瓜，……

师：是呀，瓜就是比石狮子可爱。

生2：鸡，乡下人家……

师：我最喜爱去追神气的公鸡了，你喜欢吗？

生：秋天到了……（朗读得较快）

师：我们又没追你，你干吗读得那么快？慢一些，不要错过乡下人家迷人的风景。

（学生发了一个偷笑的表情图）

教学的艺术不在于传授本领，而在于激励和鼓舞，线上教学更是如此，教师要与朗读分享的同学像在聊家常一样，如"是呀，瓜就是比石狮子可爱""我最喜爱去追神气的公鸡了""我们又没追你，你干吗读得那么快？"多像是朋友式的调侃，教师的评价就走进了学生的心中。置身于这样的氛围中，教师像教师——关注朗读的内容和效果，但教师又不像教师，虽然学生看到的只是文字，但传递出的是同龄人的声音和同一水平的步调，学生的主体意识明显增强，学生在温馨的氛围下朗读得更起劲了。

（二）弱化自我

学生平常不敢说出自己的看法，是源于其自尊心和好胜心，他们担心自己的回答太幼稚或错误，得不到教师的肯定，被同学嘲笑。因此，教师要弱化自己，甚至蹲下来"仰视"学生。

在《绿》仿写练习中，教师推送练习：

仿写诗句：在你的眼中，还有什么是绿的？

刮的风是绿的，（　　　　）是绿的，

下的雨是绿的，（　　　　）是绿的，

流的水是绿的，（　　　　）是绿的，

阳光也是绿的。（　　　　）也是绿的。

（请你写完后拍照或朗读分享）

生1：流的水是绿的，　（山上的岩缝）是绿的。

师：你的眼睛真锐利，岩缝里的绿都被你发现了！我怎么没见过呢？

生1：阳光也是绿的。　（空气）也是绿的。

师：哇哇，呼吸着绿色的空气，我要飞起来了……

生3：阳光也是绿的。　（月亮）也是绿的。

师：小美女，我好想看看绿色的月亮，你能带我去吗？

生4：阳光也是绿的。　（我）也是绿的。

师：太神奇啦！绿色的你肯定很特别。

生5：下的雨是绿的，　（跑的车）是绿的。

师：同学们都成了一个个小诗人啦！

教师在课上不再是无所不知的佼佼者，学会"隐身"，目的是让学生凸显出来。"岩缝里的绿都被你发现了！我怎么没见过呢？"传递给学生的是"我的眼睛比老师的更锐利，发现了老师都不曾发现的东西"；"呼吸着绿色的空气，我要飞起来了"，学生也许会感觉"哈哈，原来老师也会变得疯狂起来的"……在自由的、处处被赏识的氛围中，学生不断获得前进的动力和信心，获得了成功的体验，并在成功中走向更高层次的成功。

（三）常常上"鲜"

作业是反馈学生学习效果和链接家校之间的一道桥梁。在线上教学中，我们可以利用电子设备的先进功能，如利用圈点画等功能，直接反馈学生的学习效果，学生就能随时打开图片，一目了然地接收到教师的反馈。有的教师还利用小徽章、小星星、小红花等图案，让学生每天都看到颜色不一、形态各异的评价方式，增强新鲜感。线上批改还可以通过不同数量的评价来反馈学生的学习程度，如一颗星、两颗星、三颗星、四颗星。教师批改同一类作业，可以用不同的图像来评价，如在书写正确整洁的学生作业本上就可以点击一个笑脸。在书写比较整洁，但有一点错误的学生作业本上，除了圈出错误的地方以外，还可以点击一个伤心流泪的哭脸，并写上"太可惜了，快点改正吧"。

线下教育的评价中，对于一些学困生，我们鼓励他们"加油"，要么用语言"加油！"要么做一做加油的手势，线上教育可不一样，同一个意思的表达有多种，有卡通的、有卖萌的、有滑稽的、有狰狞的，等等；有静止的，也有动感的；有真实的，也有虚拟的……教师就可以尽情选择，一键敲定。当然，在选择上必须健康和有意义，还要注意使用的具体情境。

二、评价展现动态的梯度

线上教育活动在一步步或隐或显、或大或小的评价活动中展开。教师要根据学生的发展基础和努力程度，在肯定的同时给予学生具体的指点和引导，给予学生进步的梯度。教师在面对每个有着不同的生命体验和精神诉求的学生时，应关注每个学生知识与技能的生成过程的不同，关心每个学生人格和品性的完善的不同表现，用灵活而富有启发性的评价，让不同发展层次的学生在每天的学习中体验不一样的成功。

（一）点拨指引

如在评价学生书写的时候，教师可以根据学生的不同能力水平和书写效果，及时做出评价："小华，你的书写挺工整的，但是'翼'的各部分还要写均衡一些""厉害了，你的书写越来越工整了！如果'撇捺'能写得舒展一些，就更美啦"等。这样评价，针对性很强，不仅使学生体会出教师对自己的关怀和重视，还能准确了解自己的达成状况，知道下一步努力的方向。教师评价学生的尺子应该是多样的，通过评价点拨，引导优等生树立更高的目标。对于学困生，能在线下自觉学习，已经是难能可贵了，我们要肯定他们的努力与进步，教给他们改进的方法，使其感受到"只要我努力，一定会有所提高"，从而促进他们追求进步。

（二）分层挑战

除了用语言点拨不同层次的学生有所发展，还可以针对学生的实际水平，采用分层教学。在《乡下人家》第三课时的练习与思考环节，教师把不同层次的练习设置了不同的分值：60分、80分、200分，让学生自主完成。

课堂练习单

　　1. 把"凤、序"各写三个。（60分）2.把你认为《乡下人家》中写得生动形象的句子摘抄下来。（80分）3.选做：写写你喜欢的一处乡村景致。（200分以上，写得越好分数越高哦！）同学们，快去挑战吧！

　　当小娟很快就完成了第一题时，教师的评价：书写正确、工整+60分，再去挑战更高难度吧；当小柠选择完成第二题时，教师的评价：运用拟人的写法，的确使表达更生动+80分，挑战新高度吧，你可以的；小琴选择完成第一、二题，教师的评价：60+80=140分，厉害，创造了一个新高度。学生在展现现有能力的同时，也看到了自己与别人的差距，会产生实现另一个目标的"欲望"，这个"欲望"就会引领着他的发展。

　　（三）阶段提升

　　教师还可以对学生进行不同时间段的学习态度、学习方法的习得、能力的提升等方面的评价，如线上教学的前两周，主要关注学生的参与积极性，教师的评价重在参与的"量"上，比如：你今天已经是第三次分享了，真积极；很高兴听到你的第一次朗读，期待你更多的声音；你在本周已经连续三天自觉准时提交作业啦，老师真的特别高兴；等等。

　　在"量"的保障上，教师要指引学生提高学习的"质"：你真的进步神速啊，不仅敢读，而且会抓住关键词读好画面；恭喜你掌握了本节课概括画面的方法——抓住描写事物特点、位置、时间等关键词概括画面；学习就应该自主自律，恭喜你拥有了这种优秀的品质……在教师的评价中，学生看到了不同阶段的自己，看到了发展中的自己。

三、评价炫出多彩的亮度

　　无论线上还是线下，班级学生之间必然存在差异，就如花园里的花有红，有黄，有白，也有双色等，但各有各的美丽，这些美丽是多样的。学生也因能力的不同，呈现出不同的表现，教师应该挖掘他们的亮点，关注不同的评价点，通过评价炫出学生多彩的亮度。

　　线上教育对学科知识的教学是有选择的，学生脱离了教师的"眼皮"，一些留守儿童甚至完全没有家长的监管，半脱离或完全脱离大人的管制，如何防止学生懈怠的心理？这成了令教师们头疼的一道难关。学生不可能完全自主自律，教师可以制定各种量化的评价，延续或增强学生的参与热情。

（一）渲染跨越一大步

在线上学习中，学生必定存在差异。对学生学习的评价，可以基于大部分学生能力所及的方面进行整体的评价，表彰一大群努力的学生，通过渲染一大片学生，树立积极进取的学风，并让这股学风不断升级加强，实现跨越一大步的愿景。

如在阅读活动中，有些教师推出了周"阅读小贤人"——每天坚持阅读30分钟以上，一周至少坚持5次；月"阅读小达人"——一个月阅读记录平台的记录达20次以上。从每周的5次到每月的20次，一周一周地推动学生坚持阅读。在推动学生阅读的过程中，教师每天定时公布学生阅读的数据，让学生看到自己阅读的轨迹，表扬"自觉阅读的孩子最可爱"，提醒稍努力就可以实现目标的学生"你们还差一次就可以获得'阅读小贤人'称号啦！快去阅读记录吧"。看着量表数据，学生有章可循，既对教师的资料信服，也能看到自己和别人的差距，从而努力追赶。长时间的跟踪量化评价（如图3-3），浸润了一大批的学生达到阅读目标。

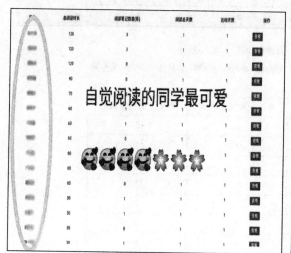

图3-3 教师对学生的评价

（二）聚焦微小每一步

特别的爱给特别的你，除了关注大部分学生积极的发展外，还要聚焦一些特殊学生。线上教育更是如此，要关注他们追求进步的"微小行为"，给予他们充分的肯定。比如，在阅读方面，有些学生真的达不到天天阅读的要求，于是，有些教师设置了"阅读进步星"——阅读记录相比上周有明显进步的同学。通过每一周数据的对比，对特殊学生做出评价，赞扬他们前进的每一小步（如图3-4）。

阅读进步星：12人

姓名	第十周阅读次数	第十一周阅读次数
	0	4
	0	4
	0	2
	4	5
	0	1
	5	6
	6	7
	6	7
	6	7
	6	7
	6	7
	5	6

阅读进步星：12人

姓名	第十一周阅读次数	第十二周阅读次数
	1	6
	3	7
	2	4
	5	7
	5	7
	4	6
	4	6
	6	7
	5	6
	4	5
	0	1
	0	1

图3-4 表扬"班级阅读进步星"

如在第十一周的线上颁奖典礼上，教师以数据说话："从数据中，我们发现进步最大的是××等同学，他们破'0'啦，如果他们再努力一点，还将会获得'阅读小贤人'称号呢！你们发现了吗？"在第十二周的线上颁奖典礼上，教师又再次表扬："从数据中，我们发现进步最大的是××等同学，还获得了'阅读小贤人'称号呢！破'0'的同学是小翔、小兵。"由此可见，特殊学生比其他学生更珍惜教师的关注和表扬，他们信心满满地继续进步。

（三）立足自律新高度

线上教育重在培养学生的自主自律，除了学习，在生活态度、待人处世上更应该学会自主自律，学会主动改变，主动体谅，自己创造条件克服困难，完成自己应该做的事情。这是自律的另一个高度。

有的同学不仅能够自觉完成作业和小测试，还主动、耐心地指导和提醒同学做作业、提交作业、完成阅读记录等。于是教师将她的事迹向全班宣传，并让她在语文小结会上分享自己的感受，她说道："我只要抽出一点点时间，把自己知道的知识、方法告诉同学，别人解决了困难，我也锻炼了自己。每次帮助了别人，我都特别开心，很有成功感。"老师就指出她的可贵之处——赠人玫瑰，手留余香。在她的带动下，小茵同学也主动说："老师，我也想帮助很多的同学，谁都行哦。"于是教师对她的评价是"助人为乐的孩子超美丽"，赋予"美丽"耀眼的光环。在她们的影响下，有五位同学主动与同学结对，帮助同学取得了进步，荣获"助人小天使"称号（如图3-5、图3-6、图3-7）。

 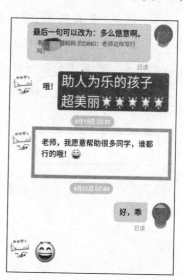

图3-5　教师在微信上表扬乐于助人的学生　　图3-6　教师在微信上表扬乐于助人的学生

周次	小天使	小可爱	作业上交次数	阅读次数	评价
第十一周			5	7	★★★★★
			4	4	★★★★
			5	0	★★★
			5	0	★★★
	陈		3	0	★★

图3-7　教师表扬互助小组的成员

线上教育虽然相隔着冰冷的屏幕，但是教师能通过适时、灵活的评价，强化学生学习的内驱力，把屏幕"冰冷的美丽"转变为"可感的美丽""动态的美丽""多彩的美丽"，陪伴学生在线上学习的日子里，使从视频中学到的知识与方法得以落地，随时调整教学活动，优化线上教育的实效。

参考文献

[1] 中华人民共和国教育部.义务教育语文课程标准（2011年版）[S].北京：北京师范大学出版社，2012.

[2] 阮美好.语文教师的文本解读[M].北京：中国轻工业出版社，2014.

[3] 魏红娟.浅谈小学语文课堂教学评价策略[J].基础教育课程，2018.

[4] 洪毓延.课堂有效教学的教师提问行为研究——以小学语文学科为例[D].上海：上海师范大学，2015.

[5] 叶凡.语文课让孩子不再沉默——浅谈语文课堂激励策略的运用[J].陕西教育（教学版），2012（12）：43.

优化教师课堂语言，促进教—学—评的实效

——广东省特级教师何建芬《肥皂泡》课堂教学语言例谈

　　教师的课堂语言，意在激趣、指导与鼓舞，重在启发学生心智和培养学生素养。广州市天河区华阳小学的广东省特级教师何建芬老师执教的《肥皂泡》一课的课堂教学语言言简而情真，趣浓而睿智，让我看到了一位智者的学生观、目标意识、教材把握、课堂调控等综合素养之高，我也因此受益匪浅。

一、在目标落实处点拨——习得方法

　　统编小学语文教材十分强调教师的目标意识，关注学生方法的习得，有效地突破重难点。"运用多种方法理解词语"是中年级学生关键能力之一。三年级下册《肥皂泡》一课的教学重点是"学习抓住关键词语，想象吹肥皂泡的情景"。何老师在引导学生抓住主要内容后，接着引导学生关注描写方法，引导学生体会写法。她的课堂语言是这样组织的：

　　师：我们再次走进课文，她是怎么样吹的呢？课文中哪里做了具体的描述？

　　生：第3自然段。

　　师：请抓住关键词，跟你的小组成员交流，要说得简练、清楚、有顺序。开始小组交流。

　　生1：冰心小时候是这样吹肥皂泡的：她先将肥皂放在一个木碗里，再加上点儿水和弄一下。

　　师：首先要怎样？

生2：和弄。

师：接着——

生1：然后用……一提。

师：这关键的动作在哪里？请圈出来。

生3：蘸水。

生4：慢吹。

生5：轻提。

生6：扇送。

何老师由学生经历过的事情激发学生兴趣和热情，相机引入课文内容，提出问题"这篇课文主要写了什么"，引导学生先抓住主要内容，接着抓表现手法，让学生懂得如何描写及生动表现。抓关键词是语文学习的一个重难点，面对三年级的孩子，何老师依据学生的回答，相机指导学生找关键词，如"看看关键的动作在哪里？圈出来"，并让学生将关键词记录在黑板上。总之，何老师的要求语言简明直接，指向明确。在何老师指导下，本课的教学目标得以落实。

二、觅提升点睿智追问——引发思考

统编教材对于语文能力目标设置是一种螺旋上升的梯度，要求教师在目标的落实上关注无缝对接，即教师要针对不同层次的学生给予具体的指导。《肥皂泡》这一单元的语文要素是：运用多种方法理解难读的句子。落实在本课中的方法是"抓住关键词理解句子"。何老师是这样组织的：

小组代表：从这里我读出了这一个个轻清脆丽的小球包含了自己小时候的梦想、快乐与希望。

师：尤其从哪里得以见证？

小组成员1：从"圆满、自由、透明、美丽"，读出了肥皂泡是一串美丽的梦。

师：你怎么看"圆满""自由"？

生1：就像我们的童年一样圆满。

生2："圆满"就是非常圆，代表了冰心的梦非常圆。

生3："圆满""自由"展现了冰心小时候吹肥皂泡的真善美。

师：我们在一起学习算不算圆满？（算！）还有那么多人陪伴我们，算不算圆满？（算！）所以我们觉得多么荣幸，觉得生活中的一切都是美美满满的。把它读好，可以吗？

小组代表2：我从"轻清透明"看出泡泡是很透明的。圆满的泡泡是透明的，五色的浮光在上面把泡泡变得更加美丽。

师：这个"轻清""透明"，你们又怎么想？

生1："轻"就像一个小袋子。

师：课文的第3自然段对"轻清""透明"有相关的描述，找找哪个词？

生1：软悠悠。

师：所以，只要一扇，它就可以——（飞得很高很高）

师：课文用了一个什么词来形容？

生齐声说：飘游。

师：哇，冰心奶奶的文采呀，我们一辈子都享受不完。

理解"圆满"一词，何老师在尊重学生根据课文内容和词语的表义理解的基础上，通过问，让学生不仅理解了圆满的意思，更从"圆满"一词体会到冰心吹泡泡时的快乐与幸福。在学生还没能体会到冰心用词的准确时，何老师追问学生"课文的第3自然段对'轻清''透明'有相关的描述，找找哪个词"，"只要一扇，它就可以——（飞得很高很高）。课文用了一个什么词来形容？"进一步让学生感受到冰心用词的准确。

三、用童音同调评价——彰显童趣

语文课程的价值着眼于学生核心素养的提升。儿童思维模式独特，成人化的课堂语言方式并不是他们最佳的接受方式，他们期待被看见、被呵护、被欣赏。教师课堂语言的组织是为了促进学生的学。因此，教师课堂语言的组织要从学生"听得懂、愿意听"方面展开，要给学生童音同调的感觉。

如当学生在讲述冰心奶奶吹泡泡的过程总是看着书读时，何老师说"看着我说，宝贝"。何老师在课堂上亲切地称呼孩子为"宝贝"，此时的她像老师但又不像老师，说她像老师吧，因为她有目的地引导学生用自己的话讲吹泡泡的过程，说她不像老师吧，因为一般只有爸爸妈妈才会称孩子为"宝贝"。试想，听着如同父母般亲昵的称呼，孩子的心里该是多么甜蜜与自豪。当学生不及时传麦时，何老师引导："麦要传起来，别让麦睡大觉啊。"试想，无线麦睡大觉，多么有趣的语言！有哪个学生不乐意听呢？

又如在鼓励学生读好句子时，何老师说："看到了吧？把最后一句读好了，你们就能看到泡泡吹起来的样子"；为激励学生踊跃交流，何老师说："你们刚刚提取了好几个关键词，你们都有想法，谁补充得好奖励给谁。""谁想超越？"……"奖励""超越"这些拨动学生心弦的字眼，传递给学生同龄人的声音和同一水平的步调，学生的主体意识明显增强，学生在温馨的氛围下学习得更起劲了。

广东省特级教师何建芬老师领会统编教材的编写意图，对接语文要素，明晰内容与目标，运用锤炼出的适时、适当、灵活的课堂教学语言，优化学生的善思会学，有序、有效提升学生的语文素养。

语文的课堂——生命成长的地方

我们常说：世上没有任何东西比生命更可贵。生命，一个重得无法衡量的词。但这个词似乎被某些教师所漠视，你看：每天，同学们重复着聆听早已厌烦了的教师演奏的语文课堂"三步曲"：第一课时由介绍作者到初读课文后的扫除文字障碍，学习生字；第二课时进行"发胖式"讲解来展示自己的"真知灼见"，学生们日复一日地接受激情导入后的讲解；第三课时是综合练习，生字本、抄词本、组词本、小测本、听写本等做了一个又一个，学生做得可谓"充实"。甚至在公开课上，如果教师听到学生的回答并非他想要的答案，就会马上打断，急不可待地去寻觅能为他画上完美句号的目标，至于中下生，对不起了，今天你是教师和优秀生的"陪客"……难道这就是语文课堂吗？难道这就是教育吗？长此下去，从学校走出来的会是什么？

对语文学科性质的争论，随着试行新大纲的颁布，已得出这样的结论：语文既是人类交际的工具，又是人类文化的载体，它负载着丰富的情感、深邃的思想和人类绵绵不绝的文明。换句话说，它还具有人文性。语文学科的人文属性不是凭借简单直白的道德说教文字承载的，而是借助于一篇篇熔自然、生活、情感、艺术等于一炉的有血有肉的文学作品表现出来的，蕴含着巨大的生命活力，只有师生的生命活力在课堂教学中得到有效发挥，生命的脉搏才能在课堂上自由欢快地跳动，课堂才能吹奏起民主、和谐之歌，师生才能享受到高质量的语文课堂生活。

一、生命的魅力——源自教师的"活"力

活，不是生与死的区别。语文教师在课堂上的形象应是语文的、艺术的、哲理的，就像新闻播音员，只要他们一张口，就是字正腔圆，出语悦耳，不管说的是什么事情，都会是一篇脍炙人口的散文。他们的表现，让你

分明感到，这就是播音员。有多少个教师能让学生从你的举手投足间、一眸一言间感觉你就是语文教师？所以，语文教师就该拥有"活"力，拥有使语文课堂充满生命的魅力。

（一）激情教学

激情不是情绪，是热爱。爱语文，才会去爱你的每一节课，才会去钻研每一篇课文，课堂才有可能具有足够的空间和情感。许多课堂的沉闷并非由课文引起的，而是由于教师本身消极或者浅薄导致的。语文教师应该将满腔热情洒在语文课本中，或喜或悲，或怒或忧，情真意切，嚼出味道，这样才能触发感情，感染学生，感染课堂。

很多听过窦桂梅老师的课的教师，对她的首要评价就是"有激情"。就是因为她的激情，所以听了《圆明园的毁灭》后，很多学生围绕在窦老师身边，一个学生说："我激动得说不出话来了。"另一学生说："老师，太精彩了。我一定会去一次北京，找你一块儿去一次圆明园。"……我想，窦老师的课如此成功，正是因为她胸中涌动着那股激情，上课的时候她最先感动的是自己，然后才创造了那样美好的课堂境界。她的课不但在课上影响学生，还会影响学生一生。

（二）语言感染

精妙的语言，和谐的音韵节奏，深刻的思想内容，这些同样是语文教师的首要标志。如果语文教师也和数理化教师那样冷静地推理，说着公式般的语言，那文章的情，作者的情，意境的美，又将如何授之以人呢？教师应该出口成章，情积于心，就要发之于口。教师语言的感染作用——不仅美在声音，更美在内容和精神层面上，其语言就是一个兴奋源。在学习《只有一个地球》一课，引导学生谈感受时，我把对人类恶行的感受汇成了这样几句话："看了录像、看了数据，我的心情非常沉重，我觉得那一把刀，不仅仅是砍在树上，更是砍在地球母亲的经脉上，那一把枪不仅打在动物身上，更是打在地球母亲的心脏上。相信你们一定也有很多的感受，请用一两句话发出你的控诉吧。"我的声情并茂，感染着学生，学生说得几乎流泪了。这，就是语言的力量。

（三）教态艺术

有人说课堂是"动感地带"，要追求"动作"新理念，结果有些教师上课时穿来穿去，忙得不亦乐乎——有整堂课忙着发小红花的，有整堂课忙着奖五星的，有些教师每个学生回答时都要跑到人家面前摸头、拍肩……其实，当教师的道德、学养、风采和谐地交织在一起的时候，就化为丰满而富有魅力的形象。如果教师像舞蹈演员那样，用形体动作无声地传递所表达的内容，那么，教师所传递出的对学生的鼓励、提示、点拨、示范等举手投足是那么动人的一幕。当学生的回答特别精彩的时候，你赞许的眼神就像放大镜一样，扩大了他自信的面积；当学生一时答不上来的时候，你只要用手往答案上轻轻一指，你就是他的"救星"了；当学生回答的时候，你细心地倾听，表情时而惊讶，时而兴奋，时而叹息，那你不但给了学生莫大的支持，无形中也感染了学生……如果教师具有艺术化的教态，那他的课堂就会时时弥漫着动人的魅力，使课堂成为一个思维激荡和灵感勃发的"场"。

二、生命的诱发力——把握学生怦然心动的点

在听课时，一个个教师站在讲台上，犹如演员一般：他们打扮得大方有礼，表情丰富，声音抑扬顿挫，课件异彩纷呈，吸引了学生们的注意，也吸引了听课教师的眼球。殊不知，几小时后学生的激动、感受就烟消云散了，这样的课堂又怎能算得上成功的课堂呢？对待课文，我们不是浮光掠影地走一回，而是根据课文特色准确把握一个个情感激荡起伏的点，让学生怦然心动的点，这样，学生才会在学习中获得深刻的感悟。

（一）触发点

语文教学中，教师不能将准备好的种种知识都塞进学生的脑子，捆住学生的想象力，应当把握文章的特色，选准触发点，如《只有一个地球》是一篇关于环保的文章，因其以叙述和说明为主要表达方式，故其话语风格是准确、凝练、理智、沉静的。学生要解读这样的话语风格，困难是很大的。理解这样的"文"，难在文的深层意蕴而非表层意思，如何让学生在文本中理解地球是唯一可以让我们赖以生存的家园？如何让学生在文本中激起心灵的反思？我想，这就需要学生有感而发。母爱是至真至美的情感，把阅读文本的过程转换成同"地球母亲"交流的过程，从而赋予地球这一客观存在以情感、人格的因素，阅读的过程首先变成了"倾听"的过程，把文字变成语言的倾诉，在文本与学生之间架构起一座心灵之桥，从情感深处激发学生去听、去思、去悟。

每一篇课文，都有不同的切入点，但重在激发学生的阅读兴趣，引导

学生进入文本，循序渐进地浏览、寻读、品读，挖掘课文的人文价值，真正读出自己的感觉来。如在教四年级下册《黄继光》这一课时，课的开始，我为了让学生更深地走进课文，走近黄继光，与学生一起收集了许多黄继光的资料，并以学生替代黄继光的角色，把文中的"黄继光"三个字全部改成"我"，学生吃惊了，其实这一惊，就已经触动了学生的心弦。学生的情绪高涨了，因为他们已经是一位英雄了，阅读就变成了交流，变成对自身英雄事迹的赞美，学生学起来特别用心，收到了极好的效果。

（二）共振点

一千个读者，就可能有一千种感受。如何在教学中把握能让学生产生共鸣的事物，这是教学的关键。如在《圆明园的毁灭》一课中，讲到大火烧了三天三夜时，窦老师是这样组织教学的：

师：三天！算一下，是多少个小时？

生：72小时。

师：多少分钟？

生：4320分钟。

师：相当于多少个半分钟？

生：8640个半分钟。

师：我要问，多少秒钟，一幅世界名画就变成了灰？

生1：3秒。

生2：六七秒。

师：让我们来体会这8640个半分钟里会烧掉些什么。

（录像：火烧圆明园的镜头，约半分钟）

生：看录像。（学生鸦雀无声地看完了）

师：当我们静静地体会这半分钟的时候，我们感觉多长啊！8640个半分钟会烧成什么样子？书上有一个词——

生：一片灰烬。

师：从此，圆明园里没有了——

生：金碧辉煌的殿堂。

师：没有了——

生：玲珑剔透的亭台楼阁。

师：也没有了——

……

此时此刻，师生情调越来越高，他们时而愁眉紧锁，时而义愤填膺，时而高声疾呼，时而悲声低吟……紧接着，窦老师引导学生读出自己的感受，同学们痛心地、难过地、悲愤地、悲痛地、憎恨地尽情表达，这样的课堂，真可谓"情动而辞发"。

（三）兴奋点

语文在很大程度上是一门兴趣性学科。教师在备课时若能从教材、教学对象诸要素实际出发，寻找或设置恰当的"兴奋点"，进而使语文课堂生动活泼，引起学生良好的学习情绪和心理体验。这里所说的"兴奋点"，是指语文教学内容、教学方法与学生实际最佳结合引起学生学习情绪高亢、激昂的一种心理状态。我们在教学中，应从学生的角度，抓住他们感兴趣的"兴奋点"，就像抓住学生的"魂儿"，使其精神情感有了"定力"。

"六一"儿童节前一个星期，同学们交谈的话题已经是那一天的活动怎么安排了，于是，我在语文课上引导学生交流感受、心愿，然后组织学生给爸爸妈妈写一封信，可以是对父母的感谢，可以是"六一"时的心愿，也可以是对自己的要求等。许多同学的爸爸妈妈回了信，他们觉得自己的孩子长大了，为孩子的懂事感动了。在这次活动中，同学们经历了一次心灵之旅。

三、生命的发展力——在于体验生命的真谛

我们手中的教材，为我们提供了大量的生命乐章。语文教师可以把自己对文本、对生命的理解拿出来构建富有生命活力的语文课堂，增进学生对文本的解读和对生命的体验。师生间精神的自由交流和心灵的对话与撞击，使双方内在的生命本质获得升华，催生出鲜活的思想，撞击出生命的火花，使语文课堂彰显着生活的气息和生命的灵性，成为生命的发展力。

俄国屠格涅夫的《麻雀》一文，讲述了一只老麻雀为了保护幼子而不顾自己的弱小，敢于在强大的对手面前挺身而出。你看它"突然从身边的树上落下"，"势如飞石一般，正投到狗的鼻前来。它惊惶万状，倒竖了全身的羽毛，发出绝望而哀求的叫声，两次投向那牙齿发光的张大的口边"。因为爱，使它变得悲壮，也全靠这个爱，物类的生命才得以维持和发展。许多描写自然风光的文章，如《美丽的小兴安岭》《五彩池》《观潮》等，让人感受到自然的美丽与壮观，让人不由自主产生一种热爱之情，有了爱就无意中

懂得了生命的可贵。

　　但，生命并非都是好的一面，作为教师，我们应该真诚地引导学生正确地看待生命。在教学《只有一个地球》时，为了让学生看清人类对地球破坏的真相，我用录像播放了一幕幕触目惊心的场面：浓烟、伐木、焚烧、乱倒垃圾、随意排放、猎杀生物。接着，我配乐宣读了一系列数据：每天，我们的地球有15亿人呼吸受污染的空气，至少有800人因此死亡；每天，我们的地球有1500吨氟利昂排入大气层，严重破坏着保护地球的外衣；每天，我们的地球至少有1500人死于饮用不洁水造成的疾病；每天，我们的地球有12000桶石油泄漏到海洋里；每天，我们的地球有55000公顷的土地变成不毛之地；每天，我们的地球有55000公顷的森林被大火、砍伐毁于一旦；每天，我们的地球有800亿吨水在悄然流失。学生看了录像，心灵为之震撼，在悲愤中发出了对人类的控诉。在教学《小音乐家扬科》一文时，教师应引导学生深刻地理解小扬科的悲惨遭遇，认识人剥削人的社会摧残人才的罪恶，恰当地引导学生认识人的一生：忙忙碌碌地追求着生活的价值，总是有人失望，有人痛苦。在语文教学中，教师与学生都应该懂得生命是宝贵的，应该懂得去珍惜；生命是坎坷的，应该懂得去承受；生命是美丽的，应该懂得去体验。在长期的学习中，学生的人生观、价值观、世界观一定会不断被洗涤、深化、塑造。

　　今天，我们的孩子到底在上着怎样的语文课？这是每个语文教师都应该思考的问题。语文教师不能把自己的教学仅仅看作上课、教书，而应把它看作自己与学生共同成长的地方，应该在我们的课堂上看到生命的魅力、诱发力、发展力，听到花开的声音。

小学语文项目式阅读活动的设计
与实施研究

一、现状与分析

开展语文阅读活动是为了激发学生阅读兴趣，培养学生良好的阅读习惯，指导学生运用阅读方法和策略，获得个体独特的阅读体验，进一步提升学生的语文素养。很多学校开展了全科阅读、链接式阅读、主题阅读等活动，但是，在轰轰烈烈的课外阅读活动热潮之中，细观活动的设计与实施，仍然存在以下问题：

（一）只有活动没有目标

许多学校设置了阅读课、阅读下午茶，从时间上给阅读腾出了时间；许多学校也布置了精美的班级阅读角、楼梯间的阅读长廊，从空间上为阅读提供了便利；一排排、一部部的书籍陈列出来了，孩子们唾手可得。一会儿翻这本，一会儿翻那本，具体看了什么，学到了什么，大部分学生都说不出来。

（二）只有数量没有质量

2013年，学校图书馆成为从化区图书馆的分馆，每位师生均办理了电子借阅卡，既可以在学校分馆借阅，也可以在区图书馆借阅，从化区图书馆每年提供5000册的图书给予学校进行图书的更新。但是，教师存在"质量不够，数量来凑"的现象，把各种路径得来的优秀书目一股脑儿推荐给学生。学生一头扎进浩瀚的书海中，漫无目的地读。

（三）课外阅读活动的主体错位

在阅读实践中，课外阅读的发起者、组织者、检查者、评价者都是教师，学生作为课外阅读活动的主体，往往处于被动接受的地位，即使教师推荐的阅读书籍并不适合自己，学生也"逆来顺受"，少有主体的自我主张、自我诉求。

（四）只看结果不看过程

教师只看中学生做出好看的成果，没让学生经历分析与探索问题的历程，如让学生按照流程做、提供样本让学生参照做，学生进行美化后呈现即可。教师太过追求外在表现形式的精致，没让学生尝试错误、失败，而是由教师或家长代办。

阅读对学生发展的重要性毋庸置疑，面对学生的浅阅读效果，老师、校长、家长也存在许多的困惑，感到很茫然。

1. 语文教师专访：设计阅读活动的能力有限

2016学年，教学进入了统编教材的时代，开启了全科阅读计划。广州市教研院、从化区教师发展中心也一直带领我们开展阅读活动，如交流读书心得、分享好书、诵读精彩片段、举办故事会、进行人物评论等。但我们只能停留在布置活动的层面，因为相关阅读活动的设计资料较少，没有时间和精力研究，更不可能制定出清晰的目标，不能预测学生在阅读活动中会经历怎样的实践，不能将阅读素养转换成持续的学习实践。

2. 校长专访：阅读活动的效果不理想

学校开展的阅读活动真不少，制作的阅读手抄报、思维导图、好书推介卡等作品也十分精致，学生月借阅量也是300%。搞了几年的阅读活动，学生的阅读力怎么还不能明显提高？教师忙、学生累，阅读的意义到底在哪里？

3. 家长专访：阅读能力提升不大

有的家长说："我家有一屋子的书，孩子每天也在看。看是看了不少，但是他的阅读题失分还是比较多。"有的家长说："看图画书就会有兴趣，看文字的书随便翻几下就说看完了。"有的家长说："看孩子挺勤的，在书上又是画好词佳句，又是制作思维导图，作文的水平却不见有提高。"

综上所述，可见，现阶段的阅读忽视了对学生知识构建能力的培养，只是为了阅读而阅读，远离了学生们的兴趣，导致阅读活动无论从阅读状态、阅读方式、阅读过程还是阅读结果都停留在浅层阅读层面。

二、小学语文项目式阅读设计与实施的现实背景及意义

（一）统编教材的教学理念使"项目式阅读活动"的设计与实施成为必然

统编教材提出了"积极倡导自主、合作、探究的学习方式"这一基本理念。在语文教学中，"学生是主体，语文课程必须根据学生身心发展和语文学习的特点，爱护学生的好奇心、求知欲，鼓励自主阅读、自由表达，充分激发他们的问题意识和进取精神，关注个体差异和不同学习需求，积极倡导自主、合作、探究的学习方式"。这些无疑对我们教学者提出了新的要求，需要我们探究和使用更科学、更有效的教学模式。而基于问题的项目式阅读，正好迎合了这种新时期的教学要求。这种教学法使学习者能够在寻找解决问题方案的过程中能动地获取相关知识，了解背景资料，提高解决相同或相似问题的能力，是一种以学生阅读为中心，以项目阅读为形式，以阅读成果为目标，将阅读置于具体问题之中的阅读模式。

（二）项目式阅读活动与儿童学习的认知的共性特征合力，促进学生发展

一份优秀的项目式阅读活动，可以让学生的阅读更专注，更具主动性和投入性，同时会让学生对关键问题的理解更深入、更多元。学生在项目式阅读活动中提出了大量的研究问题，在这些问题的积极探索中激活了自身已有经验，在制订和实施阅读计划中锻炼了他们的执行能力，促进活动设计的计划性、对自我时间的管理等品质的发展。2004年以来，国际心智、脑和教育学会着手整合认知神经科学、心理学、教育学这三个领域，关于儿童学习的公认的认知有：每个儿童的心智和大脑能力都是独一无二的，是由儿童的经验和这些经验所处的情境共同塑造的；儿童天生要寻找意义，意义为他们学习新事物提供内动力；持久的学习依赖于发现问题与解决问题、主动性与坚持性、反思与解释、勇于冒险和挑战的心智习惯的形成……可见，项目式阅读活动与儿童学习的认知具有许多的共性，是一项为学生的学习发展而做的阅读活动。

（三）优良的阅读文化营造了"项目式阅读活动"的设计与实施的磁场

我校一直重抓阅读，得到区、市的认可，2016年我校被评为"广州市书香校园"，多名学生被评为市、区书香少年，多项诵读节目在区、市级获奖，在同类学校中发挥了积极的影响作用。学校已建成的600平方米的图书馆楼，一楼为报告厅，二楼为阅览室，三楼为藏书室，极大地扩充了阅读的

空间。2018年，上级为本校投资建设了一间面积为30平方米的智慧图书馆，可供学生随时自行借阅，2019年9月正式供学生使用，并为该馆购买了4000多册新书。优良的阅读文化环境初步具备，为项目式阅读活动营造了一个磁场。

（四）"项目式阅读活动"的研究是科组前两个阅读课题的延续和深化

我校是一所农村小学，由于受办学条件、社会、家庭的影响，小学生的课外阅读兴趣不浓，课外阅读量少。很多语文老师对课外阅读的重要性认识不够，误以为既然是"课外阅读"，就无须教师的指导，对学生的课外阅读采取放羊式的态度。鉴于此，2018年语文科吴老师进行了"核心素养引领农村小学中年段课外阅读指导的策略研究"这一研究课题，有效改变了学校课外阅读的现状，增强了学校的阅读氛围。2020年，语文科殷老师在对国内外的名校、专家、学者对思维导图以及整本书阅读的研究分析中，发现思维导图在阅读教学方面也得到了广泛的推广和运用，就开展了"思维导图在小学语文高年段整本书阅读教学的实践研究"，探究思维导图在语文高年段整本书阅读教学中的应用。语文科两项与阅读相关课题的研究，成为本次在语文科进行"项目式阅读活动设计与实施"研究的奠基石，同时"项目式阅读活动设计与实施"也是对前两次研究活动的深化。

三、第一次"项目式阅读"行动总结与反思

（一）"项目式阅读"行动实施步骤

1. 第一阶段：（2020年2月—2020年3月）

（1）组织理论学习；

（2）梳理国内外项目式学习、阅读活动设计等方面的资料；

（3）命制"小学生项目式阅读现状调查问卷"，并对不同年段的学生进行访谈和问卷调查；

（4）制定"小学语文项目式阅读活动设计与实施"方案。

2. 第二阶段：（2020年4月—2020年6月）

（1）营造阅读氛围，创设阅读活动的磁场；

（2）组建语文科各年段"项目式阅读"活动小组，并启动活动；

（3）借助广州市中小学智慧型成长阅读项目的驻点服务团队，对"项目式阅读"研究团队进行全员培训；

（4）开展三、五年级课例研讨，学习制定"项目式阅读"活动的驱动性问题。

3. 第三阶段：（2020年7月）

（1）进行行动效果资料的收集、整理、统计、分析；

（2）小结"小徐语文项目式阅读活动"中驱动性问题的设计特点；

（3）再次调整实施过的"小学语文项目式阅读活动"行动计划。

（二）"项目式阅读"行动阶段总结

1. 全校总动员，师生齐参与

在2020年上半年，我们仍然推进全科阅读。学校主抓教学的副校长在钉钉网发布主题为"书香润童心 阅读伴成长"倡议，勉励学生让阅读成为一生的习惯，让好书成为一生的伙伴；勉励学生与圣贤为友，培养高洁的情操；勉励学生与经典同行，创造不凡的人生高度！由五（6）班学生代表邝钰盈朗读倡议书，倡议全体师生多读书，多分享，倡议每一位老师、每一位同学都积极参与到课外阅读中去。

2. 大手牵小手，共享阅读乐

返校学习后，我们分年段开展了高年级与低年级的"大手牵小手，共享阅读乐"的活动。高年级的大哥哥大姐姐指导低年级的小弟弟小妹妹选择适合自己阅读的课外书籍，还有哥哥姐姐送故事等环节，不仅营造了浓浓的阅读氛围，还引发了低年级学生对书籍、阅读的兴趣，同时也培养了学生的分享意识，提高了他们的独立交往和语言表达能力。疫情防控期间，虽然不能组织集队集会，但五六年级的学生在校园广播站展示他们的阅读之乐。他们有的朗读美文，有的鉴赏诗词，有的进行人物评论，有的介绍自己绘制的思维导图等，他们用自己的方式引领低年级的同学走进阅读世界。

3. 建设书香环境，营造文化氛围

学校阅读环境是一种语言，是一种传递信息的独特方式，蕴含着巨大的潜在的教育意义。我们学校地处城乡接合部，教学楼面积小，学生多，比较拥挤。学校挖掘一切潜力，充分利用好每一方寸土地，使每一个细微之处都能无声地说话，使每一缕空气都浸润书香。在阅贤阁里增设了许多小书柜，小书柜里放置了许多课外书籍，还配置了三块作品展示区和一些读书名言。在二楼的楼道和活动区也配置了许多小书柜和一些读书名言。书柜里的书会定期更换，课余时间同学们都会到小书柜处取书来看。

班级是学生学习、交流、阅读的主阵地。学校以五（4）班为读书环境布置示范班级，在学校全面铺开，重点打造以"贤文化"为主题的书香班级。班级设有习贤角、展贤台、阅读之星排行榜等。每个班级都建立了一个较为完善的图书角，让学生可以自主地阅读书籍；设立读书卡和手抄报的展示平台，学生在阅读中找到乐趣，找到价值。每班做好环境布置，写好读书条幅，出好班级阅读黑板报，让校园充满浓郁的书香味。

4."导图"引领，深入阅读研究

学校延续以"思维导图"为切入口，开展主题课外阅读研究。教师们一边学一边教，在课外阅读课上认真指导学生一边读，一边绘制思维导图。学生直面文本，画导图学习，其实正是自主探究，自我激发学习动机，亲身经历知识建构的全过程。学生边思考，边画导图，记录自己读课文知道了什么、想到了什么、为什么这么想、还想知道什么、怎么画导图的主题和分支、画什么图标和关键词……一个个问题，直观地驱动着、记录着学生阅读的思维过程，由细节品读到回归整体，促使学生自动自觉地追求更多，导图画得更完美。

每一个班级每周都把同学们绘制的思维导图收集起来，装订成册。平时教师就把做得比较好的思维导图在班级和年级进行展示，在2020年学校第四届"阅读文化节"闭幕活动中，每一个班级都把自己班的思维导图册在一楼阅贤阁里展示，供师生阅读欣赏。

5.聚焦"驱动性问题"，形成初步认识

项目式阅读理念认为"问题是阅读的起源"，它是整个阅读过程的主线，牵引着整个阅读过程。它能激发阅读者阅读的内在动力，也能提纲挈领地指出持续阅读、主动探究的方向。设计驱动性问题时，应该把握好以下特点：

（1）驱动性问题可对接学生的生活

驱动性阅读问题的设计要结合学生的特点和经验进行转化，找到学生感兴趣的情境。教师要引导学生关注生活中的点点滴滴，将课堂生活与课外学习有机地结合起来，从而形成真正意义上的实践性学习、研究性学习、合作性学习、体验性学习等的综合。如在"汉字王国"中，我们设计的驱动性问题是："如果没有了汉字，我们的身边会有什么变化呢？"学生通过阅读汉字的演变、汉字的特点、与汉字有关的故事等感受汉字的神奇，再关注到身边的汉字谐音和歇后语的使用等一系列的活动，去感受汉字，整理出自己对汉字的认知。这些文本的阅读活动或走访的走读活动，都与学生的生活紧密相连，学生研究兴趣浓厚。

（2）驱动性问题可建立"冲突"

驱动性问题也可以是争论型的问题，这种问题会引起学生的争议与辩论，更能激发学生讨论的兴趣。这种驱动性问题的研究没有固定的答案，主要考查学生论证过程是否充分，重在以驱动性问题促进阅读的整个过程，最后通过讨论和争议，产生对研究内容的更深度的认识。

六年级语文第四单元《在柏林》一课中，对于战争的讨论，学生也是非常积极的，发出了一连串的疑问：这次战争的起源是什么呢？造成了怎样的影响？现在的人们生活如何？这样的问题是零碎的，如何将其整理出一个核心的驱动性问题？在多次研讨中，我们在以上几个具体内容的基础上提出这个驱动性问题：世界上是否存在"正义"的战争？这个驱动性问题的设置，将会引导学生对历年战争的具体内容进行研读、分析、比较，在经历这种项目式的阅读后，学生对"战争"这一概念必定会有全新的认识。

（3）驱动性问题的设计要基于学生认知能力的差异

从纵向来看，小学生的认知能力在各个年级是有差异的，不同年龄阶段的学生所选择的认知策略也不同。小学中低年级还处在获取、整合知识、拓展知识的认知层面，经历了这样的低阶阅读学习，逐步向高阶认知发展。

如在"尾巴的奥秘"这个项目式阅读活动中，对于二年级学生，我们的驱动性问题是：你最喜欢的动物是什么？它的尾巴有什么作用？对于这个驱动性问题，学生的活动基本停留在收集动物资料上，将收集到的材料以图片、表格、导图等方式展现出来。对于五六年级学生，我们设计的驱动性问题是：为什么有些动物没有尾巴？在这个问题驱动下，学生除了通过多个渠道收集资料，并用表格整理出哪些动物有尾巴，哪些动物没有尾巴，各种动物的尾巴的功能是什么，从而引申讨论为什么有些动物有尾巴，有些动物没有，探究出他们对于动物本身对环境的"适应性"的理解。

（三）第一次"项目式阅读"行动反思

喜："阅读"的观念已经浸润在学校每个人的心中，形成了良好的阅读氛围；各类阅读活动精彩纷呈，营造书香校园特色。在阅读活动中，逐步从阅读的"量"向"质"迈进，逐步认可项目式阅读的可取性。

1. 项目式阅读领航受表扬

我校在语文科成立了"智慧阅读教师群"，由项目组专员专业指导，指导教师利用平台推荐书目、开展主题阅读，再到学生登录平台、阅读记录、参加主题阅读活动等。在平台上，教研院、区发展中心都会发布一些主题阅读活动，教师们充分利用这些资源指导学生参加。

2. 周报效应大提升

为了让学生的阅读热情持续不断，我校组织语文科部分年轻教师，成立《智慧周报》编辑队伍，收集"阅读小贤人"的数据、图片、作品，推送阅读书籍、阅读方法，使阅读推送更接地气。在师生共同努力下，达标班级由原来的0到13个班，再到38个班，周"阅读小贤人"由205人到595人，再到1568人，实现了量和质的跨越。

3. 捷报频传鼓人心

在"2020年上半年从化区中小学中华经典诗词品读系列活动"中，教师1人获区一等奖；学生3人获区一等奖，5人获区二等奖，3人获区三等奖；1人获指导中心一等奖，4人获指导中心二等奖，2人获指导中心三等奖。在从化区第三届阅读文化节活动中，3人获三等奖。在"服务乡村振兴点亮美好生活"广州市从化区第十四届中小学生书信节中，同学们运用自己阅读积淀的文学功底，1人获一等奖，2人获区二等奖，3人获区三等奖。在"书香战役，悦读悦美——从化希贤小学第三届校园文化节系列活动"中，526人次获得学校奖励。

忧：语文科开展项目式阅读活动，虽然从观念、时间、空间、方式等方面深化了阅读，也取得了一定的成绩，但是，这项研究毕竟还在初步尝试阶段，我们仍存在一些有待改进的现象：

1. 没有经历有意义的阅读实践

有的教师会把项目式阅读当作流程来设计：查找资料—记录信息—呈现成果。把项目式阅读简单地设计成让学生完成阅读活动做出阅读成果，没有经历有意义的阅读实践历程。

2. 教师设计活动能力不强

项目式阅读是基于学生认知能力的开放性的阅读过程，有的语文教师因不会设计，从而呈现撒手不管的状态，有的教师未能依据学生的过程进行研究，未能激发学生在研究中深入思考，不能指导学生筛选、搭配阅读实践活动。

3. 教师出现倦怠情绪

在项目式阅读活动中，有的教师太忙了，设计主题、优化驱动性问题、给学生分组、指导学生如何搜集资料、展示成果等，一次活动下来，已经累得筋疲力尽，没有激情和动力组织下一项阅读活动了。

四、第二次"项目式阅读"行动总结与反思

（一）"项目式阅读"行动实施步骤

1. 第一阶段：（2020年8月）

（1）整理"有效设计驱动性问题的实例"；

（2）理论学习：让学生经历有意义的学习实践的策略；

（3）修改、完善学生在上一阶段的项目式阅读活动的流程。

2. 第二阶段：（2020年9月）

（1）印发"有效设计驱动性问题的实例"给学生，组织学生学习；

（2）结合项目式阅读案例，梳理活动过程，提炼"语文项目式阅读活动"的特点；

（3）借鉴现有的项目式学习活动模型和阅读活动模型，提出基于项目式阅读活动设计流程的支架；

（4）开展项目式阅读活动，优化小组的建设与活动的实效。

3. 第三阶段：（2020年10月）

（1）进行行动效果资料的收集、整理、统计、分析；

（2）小结"项目式阅读活动"的设计支架；

（3）再次调整实施过的"项目式阅读活动"的行动计划。

（二）"项目式阅读"行动阶段总结

1. 教师亲自"下水"，形成阅读共同体

项目式阅读活动的内容，目的并不指向一个，也不是准确地指向某个阅读的知识点，而且阅读的内容是在过程中生成的。教师在项目式阅读活动中，不仅是活动的组织者、引领者，更多的时候和学生们一样，都是活动的参与者。

如在"《民间故事》人物画像"的项目式阅读中，教师与学生必须同读一本书，熟知阅读内容，才能够更好地指导阅读活动。同时教师也可以作为成员参与到阅读活动中去，走进学生的阅读活动，调动学生参与活动的积极

性，形成阅读共同体。

2. 梳理活动过程，提炼活动特点

"项目式阅读"活动，是受项目学习（Project-based learning）启发而设计的阅读活动，以具体的学生阅读任务为活动的核心，以任务的完成为活动过程，以唤醒阅读经验，以及巩固、运用阅读方法为活动目标，以展示阅读任务成果来体现活动的价值。

（1）再造性

项目式阅读活动指向的是阅读能力的再建构。每一个项目式的阅读活动以及相关的一系列活动，都需要建立项目活动与阅读能力、阅读品质之间的联系。阅读素养的培育和相似的阅读的进行都离不开阅读能力的建构与转换，表现在能够在新的情境中迁移、运用、转换，产生新的认知。

（2）真实性

项目式阅读所指的真实性包括所学知识和阅读能力的真实，所运用的思维方式的真实。学生在项目式阅读活动中，相互讨论交流，不断地去探索各种活动和采访试验、阅读分析等，在身体上和智力上都积极地在行动，他们寻求能够运用到的资源来解决问题、分析问题。要想完成一个阅读项目，并不是个人可以独立进行的，需要与社会、学校、同学等产生互动，同时小组同学间的相互评议以及其他人的评论都会增加学生的真实体验。

（3）探究性

项目式阅读活动中，每一个成员就是一位小科学家，在阅读的世界中产生问题，在阅读过程中与以往的阅读知识建立联系。它是一个探索和思考的历程。在阅读的探究性活动中，有社交性的交流互动、有个人的审美分析、有技术的运用与创新。这是一个动态的探究性的阅读过程。

（4）反思性

项目式课外阅读活动通过真实有趣的情境创设，促进学生积极参与。具有实践探究性的操作过程，确保了学生在活动中的"零游离"。活动环节对学生自主性、差异性的尊重，以及活动评价所具有的激励、反思效应，都可以让每个阅读个体享受到项目式阅读活动的快乐与成功。因此，项目式阅读能够引发学生更主动地投入阅读活动，它的阅读周期较长，认知要求较高，也需要小组之间的交流与协调，需要学生对自己的活动进行调控、反思。

3. 整合活动阶段，搭建设计支架

项目式阅读活动中要出现尽可能多的阅读实践，以满足学生的阅读需求。在多次研讨中，我们可仿照项目式学习常用的六个阶段来设计"小学语文项目式阅读活动"的六个阶段。

（1）入读活动。入读活动主要是通过真实的阅读情境，让学生对阅读实践产生浓厚的兴趣，提出驱动性问题。

（2）阅读知识与能力建构。这个阶段主要是让学生建立以往阅读知识或已有阅读经验之间的关联，探索问题和已有的知识、将要阅读的核心知识间的联系。

（3）阅读探索与形成阅读成果。组成项目式阅读小组，形成问题解决的路径和初步成果。

（4）阅读评论与修订。项目式阅读小组接受老师、同伴的建议或评价，也对他人的成果进行评价，修订成果。

（5）公开阅读成果。举办项目式阅读学习成果展，邀请相关人员参与，让学生具有强烈的仪式感和成功感。

（6）反思与迁移。反思阅读活动过程中各类阅读实践与阅读目标达成的情况，分享类似的阅读活动迁移的实例。

基于以上六个阶段，初步设计语文项目式阅读活动样例如下：

表3-3　语文项目式阅读活动样例

阅读项目名称		阅读项目时长	
阅读项目成员		指导教师	
阅读项目描述			
教材或相关阅读资源			
阅读驱动性问题			
阅读成果与评价	个人成果		
	团队成果		
	公开方式		
阅读实践与评价			

（三）第二次"项目式阅读"行动反思

1. 一位年轻教师的感言

学生的成长是一个漫长的过程，我们在阅读活动中变得更有耐心，给予学生更多发现、探索和表达的机会。我很欣喜，因为我看到了学生积极投入阅读的学习状态。以前爱阅读的就是一些静得下心读书的优秀的孩子，现在很多所谓学困生也主动投入阅读。我没想到这些孩子会有那么多的想法，给了我很多的惊喜。

记得第一次接触项目式阅读的时候，我心里满是忐忑。虽然课题组已对教师进行过统一的培训，并且把每一个活动应该怎样操作都说得比较详细，但因为项目式阅读活动不同于一般的主题活动，阅读内容的不确定性，没有详细的活动设计可参考，学生每一次的座位如何合理安排，每个活动之间怎样有效串联，学生对研究效果如何……这些都是一种考验。一开始我发现自己设计的活动过程都是教师的引导语，为了节省时间，每个活动给学生4至5次发言的机会。在多次尝试中，我发现了教师在课堂上除了一开始可以提出供学生讨论的思路和教师做最后的总结外，我们尽量让出更多的时间给学生讨论，让每个学生都得到思考和表达的机会，而不是赶时间去讨论，使讨论流于形式。总而言之，项目式阅读是把速度放"慢"，要试着去关注那些平时在语文课堂上不容易被关注到的学生，努力去发现他们的另一面。

2. 一位小组长的感言

我现在觉得语文学习有趣多了。因为项目式阅读大多是在小组阅读中实现阅读活动的，所以我们有很多次讨论和交流，在小组合作的过程中学会表达自己的观点，更重要的是我们要学会倾听别人的发言，建立和谐的学习伙伴关系。在小组学习中，我们首先涉及的是分组。在组建和优化小组的实践中，我们有以下的收获：

（1）灵活组建小组

我们认为，在班级中，小组的分组以及组长的产生都是由活动的内容决定的，不应该由老师去指定。我们常常发现，在有些活动当中，平常表现不突出的同学，在某一项活动中却很活跃，甚至超越了很多同学，所以这时候我们可以让他担任组长，组长的诞生是民主的，我们会参考组员的个人意见和多数人的意见进行协调。

（2）组员人数在4—6人

项目式阅读活动当中，课上课下常常会进行小组讨论。我们认为每个小组有4—6个人比较合适。4—6人小组的讨论中，大家各抒己见，容易产生不同的思想，产生更多的碰撞，同学们就更有热情，我们的收获也会更加多元化。

（3）小组长发挥协调作用

在项目式阅读活动中，学生有很多发表自己观点和展示自己作品的机会，但因为时间有限，组员如何表达与倾听呢？一开始，一些思维活跃的同学和口才表达能力好的同学常常抢先回答，他们滔滔不绝，占用了很多小组讨论的时间，害羞的同学只是"倾听"，甚至游离于活动之外。于是我们的小组长改变做法：先在活动前鼓励比较胆小的、不敢发言的学生发表自己的观点或介绍自己的作品，当他发言以后，小组给他鼓励，可以是一些掌声、评价或奖品。我们发现小组长协调组内发言的次序起到了关键的作用。在多次活动的不断引导和操练下，很多同学有了明显的变化，逐渐变得敢说、会说。

五、第三次"项目式阅读"行动设想

（一）继续开展"语文项目式阅读活动"，研究其设计与实施的效度、广度和深度

运用语文课内与课外相融的途径，研究"项目式阅读活动的设计与实施"的效度；利用项目式阅读活动的设计与实施开展，研究"项目式阅读活动的设计与实施"的广度；利用语文科的示范引领特点渗透项目式阅读活动的设计与实施的开展，研究"项目式阅读活动的设计与实施"的深度。

（二）建立"语文项目式阅读活动的设计与实施"的评价体系

根据案例，设计"语文项目式阅读活动"的成果和"语文项目式阅读活动"过程的评价，建立形成性评价和总结性评价相结合，教师评价与学生互评相结合的活动评价体系。

（三）指导学生设计语文项目式阅读成果

包括个人成果和团队成果，以及对做出来什么成果和怎么做出来的进行阐述。

（四）设计和组织公开成果展

通过展览和交流的方式，让学生的阅读变得更有动力，并再次回顾自己

的阅读历程，在与他人的交流中加以反思，增强仪式感和成功感。

（五）收集整理师生的研究材料汇编成果

收集教师的教学案例、研究论文、教学设计和教学实录，形成《小学语文项目式阅读教学案例集》；收集学生的读书笔记、作文集、读书卡等资料，形成《"小学语文项目式阅读活动"学生作品集》。

第四章

迈步走向远方，
　　绽放智慧的芬芳

走在追寻诗与远方的路上

——记2019年7月广州市名教师、特级教师工作室主持人培训

2018年7月接过"广州市名教师"牌匾至今，已过去一年了，在一年中我们无数次的彷徨、焦虑：工作室该如何建设？如何引领成员研修？如何辐射成果？……工作室的成立不仅是一种动力，更是一种压力。

幸亏，广州市教育局一直在指导我们工作的开展。继2018年11月的第一次培训后，2019年7月17日至21日，我再一次参加了广州市教育评估中心和教师继续教育指导中心、华南师范大学共同组织的广州市名教师、特级教师主持人培训。连续5天的学习，课程内容非常丰富，既有政策解读、理论引领，又有经验分享，实践指导；研修形式也很多样化，既有专题讲座、参与式培训，也有工作坊、问题研讨和情境体验；授课教师既有专家大咖也有一线教师。这次培训就像一艘远航的大船，徜徉在教育的海洋里，载着我们去聆听，去探索，去分享教育真知。

一、聆听叮咛：责之切

2019年7月17日早上，主持人培训的开班典礼仪式在广州南洋冠盛酒店隆重举行。出席开班典礼仪式的有广州市教育局华山鹰副局长、广州市教育评估中心邓静红主任、华南师范大学教师教育学部王红副部长，以及参加本次培训的200多位广州市名校长、名教师工作室主持人。

在开班仪式上，首席专家王红教授在致辞时希望我们每一个工作室都能构建学习共同体，建立情感关系，建立灵魂链接；华山鹰副局长则以生动的比喻希望我们要像做一锅肉那样，把工作室炖得越来越香。

二、政策解读：行致远

开班典礼仪式后，广州市教育评估和教师继续教育指导中心邓静红主任，从"新时代新使命新要求、新时代广州市教师队伍建设的新要求及工作室管理要求"三个大方面在政策导向层面详细解读了广州市工作室主持人管理政策及平台与资源建设（如图4-1）。

图4-1　邓静红主任讲座

教育部教师工作司综合处王炳明处长以《教师培训改革路径与方向》为题，通过多个重要文件对教育改革进行政策层面的解读，包括中央文件《国家中长期教育改革和发展规划纲要（2010—2020）》《教育部关于大力加强中小学教师培训工作的意见（2011年）》《教育部、发改委、财政部关于深化教师教育改革的意见（2012年）》等。

目前，全广州市工作室主持人共有564人，其中，教育专家21名，名校长91名，名教师452名。通过搭建金字塔式培养体系，旨在让优秀的人培养更多优秀的人。作为工作室主持人，我们要勇于担当，勇于作为，发挥示范引领作用。独行虽速，但众行致远。教育不是一个人的，它是国之重，民之本，我们必须形成学习的共同体，一起追寻教育的远方。

三、理论研修：得启悟

教育部及教育强省（市）的专家们的讲座涉及团队建设、培训设计、成果培育等诸方面，使工作室主持人能够在培训中不断优化知识体系，为下一阶段工作室活动的组织管理和活动开展夯实基础。

教育部教材局柳夕浪教授《教学成果的培育》，论述了教学成果培育的基本环节有：①准确定位：有一定思想高度，着力破解立德树人中的重点、难点问题；②理清思路：有明确的教育教学改革和清晰的实践路径，理清问题，破解的关键环节要素及相互的关系；③实践检验：有坚实的改革行动，经受教育教学实践的检验，并逐步完善教学成果，归根结底是做出来的；④总结问题：有必要的学术加工（如图4-2）。

图4-2　柳夕浪教授讲座

上海师资培训中心张怀浩主任《教师培训的优化设计与教学建构》，从教师需要怎样培训课程、课程的设计、资源的开发等方面详细分享了上海市教师培训课程建设方面的经验。

华师大徐晓东教授《新课程理念下教学改革和教师专业发展》，从国外学者指出我国课堂教学中"沙丁鱼罐头式"的课堂，一针见血地指出我国教学的现状，提出教师的成长要有工匠精神：将一件事做到极致，才有可能从一个新手成为一个大师。

南方科技大学教育集团第二实验学校唐晓勇校长给我们做了题为《课程-空间-技术：设计思维引领下的未来学校》的专题讲座，展示了从1999年到2009年10年间信息化之路，给大家分析了"多学科"与"跨学科"的不同概念，并介绍了他以技术支撑，从儿童的立场、儿童的视角来设计丰富的项目化课程的工作成果，并鼓励大家：行动就有收获，坚持才能改变（如图4-3）！

图4-3　唐晓勇校长讲座

四、分享交流：碰思维

华南师范大学教师教育学部王红教授《核心基础思维课堂——基于中美比较对中国基础教育的反思与建构》，她从"对孩子成长的忧虑""工作中的无奈""国家发展战略指引的方向"和"中美比较的启示"等方面，列举了多个例子，如用丈母娘的身份看学生、把孩子送上清华北大就是最好的吗、中国学生应聘遭遇滑铁卢等回答了"为什么要提核心基础"的问题。从系统构建、核心基础的主要观点和核心基础的逻辑关系等四个方面提出自己的观点（如图4-4）。

图4-4 王红教授讲座

　　浙江省教育厅教研室王耀村教师做了《搭成长平台　促专业发展》的讲座，他从对名师培养的认识、浙江名师工作室的成长、工作室建设的体会与思考三个方面详细讲述了自己主持工作室的经验（如图4-5）。

图4-5 王耀村教师讲座

　　广东实验中学荔湾学校丁之境老师也做了题为《唤醒·引领·辐射——丁之境名师工作室的建设与发展》的经验分享。丁老师通过"唤醒、引领、辐射"三个关键词介绍了工作室的具体做法，提出让工作室成为专业成长共同体（如图4-6）。

图4-6　丁之境老师讲座

项目组为学员们分科安排了一个总结与分析的交流活动，活动中我们文科1班的5位老师作为代表与大家分享了所在工作室的活动成果、经验心得，学员们听得非常专注，希望在分享活动中能够有所借鉴，让自己的工作室后期工作开展得更好（如图4-7、图4-8、图4-9）。

图4-7　广州市名教师工作室主持人江慧琼老师分享

图4-8　广州市名教师工作室主持人陈春芳老师分享

图4-9　广州市名教师工作室主持人展示小组成果

　　在分享交流中，每一位主持人都在思想碰撞中提升高度与格局！我们深切领悟到坐而言不如起而行，且行且思收获丰。人生就是一场永不停息的自我修炼，每一场经验分享都将成为我们的基石，带领我们走向远方（如图4-10、图4-11、图4-12）。

图4-10　2019年广州市名教师、特级教师工作室主持人培训结业典礼

图4-11　我（右二）与部分广州市名教师工作室主持人合影

图4-12　我（右二）与部分广州市名教师工作室主持人合影

　　流淌的时光荏苒，流淌的时光美好！我们坚持走在教育路上，我们不孤单，不徘徊，不惆怅！我们与优秀的人并肩同行，欣赏一路的风景。

一朵盛开在山顶的花散发的芬芳

——观摩四川凉水井中学感悟

二十八道弯

不像校门的校门

陈旧的教学楼

·破旧的木桌椅

……

这些词语居然与盛名在外的凉水井中学连在一起。凉水井中学给我的第一印象就是偏僻、破旧、苍凉。它究竟有什么魅力吸引我们慕名而来？是徒有虚名的吧？是夸大其词的吧？带着种种疑问，我开始了解它。

一、让小花聚成一朵大花——融入团队

学前教育往往让我们头疼，一个个陌生的孩子就像一个个烫手的山芋，不敢拿，不敢吃。我们往往只能够学习班规，了解校规，发书搞卫生。但凉水井中学不这么做，他们利用七月就对学生开展团队建设及小组文化建设活动。

初一的新生来自不同学校，他们彼此之间并不认识，那么如何能从彼此陌生的人快速成为熟悉的伙伴？在这个环节中，学校为新生们开展了三个环节的活动：破冰行动—拓展训练—总结反思。

第一个环节是破冰行动。学生们以班为单位围成圆圈，在老师的指挥下搭肩、按摩……"你的手艺真好呀，谢谢你。"一句感谢的轻言细语击破了陌生的屏障，心与心靠近了：原来彼此的手是可以为彼此带来温暖的。第二个环节是拓展训练。学校为同学准备了两个拓展活动：一是坐地起身：让学

生背靠背同时起身，先由两位学生开始逐渐增加人数，最后在规定时间内同时起身人数最多的班级获胜；二是超音速——翻扑克牌：以小组为单位进行比赛，小组长协作组员们进行讨论与分工，如何快速地按顺序翻完9张扑克牌。两项活动过程中小组长的作用发挥到极致，他积极协调，示范引领，指导纠错，带领团队去努力。不经意间，沟通、协作、信任的种子就在生根发芽，班级荣誉感也在悄然滋生。第三个环节是总结反思。学生以小组为单位对活动的技巧、成功的原因、缺点、受到的启发进行讨论与反思，先是组内轮流汇报，最后向全班同学展示成果。为什么不是老师总结，而是小组总结呢？我想这就是一种班级主人翁精神的理念和意识吧。

四川的孩子黑黑实实的，从一开始的羞涩与腼腆，到后来的开怀与大方，一张张笑脸朴实而真切，多像山上盛开的小菊花啊！一朵朵小花围成的大圈嫣然聚成一朵盛放的大花，展现着满满的生命力。

二、百花勤酿蜜飘香——融入学习

没有人能随随便便成功！十多年来，凉水井中学的教育改革之路也是磕磕绊绊的，他们在困境中抉择，最终采取在课内指导学生学会制作和预习导学案，让学生结队发展，并让能力突出的学生像老师一样在黑板前讲解，让教师成为教练的角色，展开问题驱动型的课堂，极大地提高了学习效率和学生学习能力。这究竟是怎样的课堂小老师呢？

早上，我们观摩了书写与上板的合作学习展示活动。整节课在小老师的指引下运用小组合作学习的模式进行七步上板。一是引出问题：小老师首先向全班同学提出了三个问题：（1）你是如何提高自己的书写能力的？（2）你认为书写的重要性是什么？（3）双色笔的作用是什么？二是独立思考：小老师会给予学生2分钟的时间进行思考。三是组内讨论交流：组员们围绕提出的三个问题进行交流分享。教师此时也会给予同学适当的指引，如注意语言的规范性，不能重复；表达必须清晰，突出重点；确定好汇报人员，组员做好记录等。四是小组代表上台汇报分享：选派组员代表上台阐述自己小组归纳出来的观点，其他组员进行补充与评价。五是临摹练习：针对学生容易写错或书写姿势不正确等问题进行反复的练习纠正。六是推优参评：选出组内优秀的书写作品与其他组优秀作品进行评比上传。七是上板：课室两面摆着长长的白板，小老师让学生分组轮流进行板上书写，并把自己认为难写、容易写错的字用红色笔进行标注。在小老师及小组长协作下引导完成一节课。

我们常常质疑的学生能力不足、学生拖拉、不会倾听、不参与讨论、不会主动表达……这些问题都仿佛不在凉水井中学的课堂上。可是，又被凉水井中学的教师否认！——不是的，我们是一步一步地教学生的，甚至是手把手地教，通过小老师示范引领小组长成长，再加上对小组长长期坚持培训才会有今天的成果展现。

三、巧借春风花自香——融入课堂

几根钢筋的楼梯栏杆，一扇小铁门，连块像样的校门牌也没有。学校是简陋的，可是，令我们惊讶的是他们课室设备的"豪华"——人手一部iPad，无线网络全覆盖，四面全是白板，电话机和饮水机进入课堂。这样的简陋，与这样的"豪华"，真有点格格不入。别人都是先把教学楼的文化建好，才搞软件，可凉水井中学却背道而驰，为何？

当学科与信息技术融合再加上小组合作又会给我们带来什么样的震撼与冲击呢？在一节数学课上，我仿佛受到了启发。

走进课堂，我们先看到学生们在小组长的组织下正热烈地探讨与分析。接着组员们把经过讨论得出的答案拍照上传到"爱米"学习平台上，小老师对平台上反馈的数据进行分析，引导学生用5分钟时间把自己不明白的地方再进行互帮互教，如果还不能解决问题就在报告站对应的组员内打上"×"。教师在默默地关注各组的报告站，但还是没有去点名和讲解。这是为什么呢？原来教师还是为了鼓励学生互帮互学：小老师引导其他正确的小组进行分享，把自己正确的观点分享给其他组员们。经过探究—讨论—分享—小结后，小老师再播放有理数的微课视频，利用视频讲解把本节课的重难点进行分析与归纳，让学生更明确有理数的概念与分类。接下来就是线上练习与同伴的互助。学生在完成"爱米"学习平台上的练习后会得出数据反馈，教师利用数据再进行小结与引导。最后就是本节课的总结与拓展。从整节数学课来看，小组合作学习基本围绕预习及问题反馈—讨论及问题解决—展示及知识讲解—练习及同伴互助—小结及拓展提升五个环节进行。综观课堂，小组合作学习与信息技术的巧妙结合激发了学生学习的兴趣，教师及时调控教学方式。"4W预习法"更是值得我们借鉴："4W"指的是：是什么？为什么？怎么做？还有什么？学生在课前预习时已经进行了圈——圈知识重难点；念——大声读与记；勾——把理解不透的地方勾出来；画——画出注意的概念或知识。课堂上再经过讨论、展示、练习与小结，学生已经达成本节课的学习目标与能力的生成。

这样的课堂，不是依赖信息技术来教学，而是运用信息技术辅助教学，再加上小组合作学习的穿针引线，课堂便碰撞出智慧的火花。

四、花儿养成见细微——关注细节

我们惊叹凉水井中学学生，怎么那么优秀？我想他们的优秀并不是一蹴而就的，也是在教师不断的激励和指导下形成的。这三天里，我关注到这些细节：

一个小男孩的改变：教师非常注重鼓励学生，有一个男孩子，他第一天从头到尾都不参与班级的讨论活动。第二天，他第一次参与了讨论，教师及时地表扬了他。第三天，这个男孩子居然主动发言了。

注重引导学生回答问题的规范性：比如，一个男同学在回答的时候小动作非常多，教师不断地引导他："你的手可以怎么做？""请你把手先放好。"……一句一句地鼓励他，让他慢慢地去改，慢慢地等待他做好。在教师的鼓励下，这位男同学能够非常规范地进行发言。当他们回答问题的时候，他们要把凳子轻轻放好，然后才站起来说话，而我们有些班级就是回答问题的时候直接站起来，然后因为没有把凳子放好，所以凳子常常会发出很大的声音，影响了课堂。

话语魔杖：在每一个小组的前面有一朵花，这朵花就代表话语权，当你拿到这朵花你才有发言的机会，如果你没拿到这朵花，你就注意倾听。这朵花仿佛具有一种魔力，吸引着大家积极参与课堂。

表扬以德为先：有个女教师非常关注学生，在一节课上她注意到有三位学生，当天是发烧的，但是这些学生也能够主动发言，当她表扬了第一位发烧的学生主动发言后，另外两位学生也积极参与课堂并主动发言，教师同样给予表扬。在教师温暖的鼓励下，所有学生都会向这三个学生学习，积极参与课堂。

我们在实行课改的时候，总是在抱怨，在推诿，凉水井中学在困难中抉择和坚持，用不朽的毅力铸造精致的辉煌，他们的精神值得我们学习，他们的经验值得我们借鉴，我们必将在课改的道路上努力前行，让教育之花灿烂盛开，弥散芳香！

同课异构抛砖引玉　专题引领共促成长

——广州市邱梦桦名师工作室同课异构教研活动

为了进一步提升教师对部编版语文教材的文本解读能力，探索读写结合的策略，达到以读促写、以写促读，提高学生的语言感悟能力和表达能力，2019年5月10日，我的工作室团队与广州市教研院林玉莹老师的工作室团队在从化希贤小学四楼音乐室举行同课异构教研活动（如图4-13）。

图4-13　我（右三）与工作室成员合影

本次教研活动由工作室成员肖俊老师主持。活动过程分为四个环节，第一个环节是由从化区鳌头镇车头小学的何榕海老师和海珠区绿翠小学的陈佳凝老师以模拟课堂的方式，共同执教部编版小学语文三年级下册第16课《小真的长头发》。两位老师采用了不同的构思、不同的教学方式，以不同的教学风格演绎着同一个教学内容，达成了同一个目标。

何老师的语言幽默风趣，富有激情。他紧紧抓住单元主题"想象"和本课的学习目标，通过设计多种形式的朗读感悟，结合绘本插图、课后练习，提炼关键信息，绘制思维导图，引导学生进行大胆的想象，感受想象的神奇魅力（如图4-14、图4-15）！

图4-14　何榕海老师执教《小真的长头发》

图4-15　我（前排二）与工作室成员听课

陈老师声音甜美可爱，富有童真！让人仿佛置身于一个奇妙的想象世界！她的课堂充满童趣，注重教师的示范朗读和信息整合，环节由浅入深，巧用绘本特点和思维导图引导学生感悟想象的奇特，向学生渗透大胆想象的方法——如何根据事物的特点展开丰富的想象（如图4-16）。

图4-16　陈佳凝老师执教《小真的长头发》

第二个环节是评课环节。大家各抒己见，畅所欲言，充分肯定了这两节课的闪光点。广州市教研院林玉莹老师进行了精彩的总结。她认为两节课例均是读写结合的优秀范例，指出两位老师的教学语言、方式、风格不一样，但都关注到了"趣"味，关注到了"读"，把大胆的想象变成了具体的做法（如图4-17）。

图4-17　林玉莹老师点评课例

广州市邱梦桦名师工作室成员从化希贤小学的李清老师提出了自己的见解：这个单元的主题是"大胆想象"，旨在培养学生的想象力和思维能力，激发学生的习作兴趣。两位老师都充分利用了绘本的特点，引导学生反复品读，发挥学生的想象力进行大胆说话（如图4-18）。

图4-18 工作室成员李清老师点评课例

　　广州市邱梦桦名师工作室的张伟琼老师在评课环节踊跃发言：她从本单元的语文要素——走进想象的世界，感受想象的神奇，对两位老师的课堂提出了自己独特的见解。她认为何老师注重让学生通过感受小真的想象，抓住小真想象的特点，联系生活，根据事物的特点展开想象；陈老师注重引导学生用自己的话说出小真的长头发可以做什么，联系长头发的特点展开想象，仿照课文有意思的表达方法，交流小真的长头发还能变成什么，用来做些什么，体验大胆想象的乐趣（如图4-19）。

图4-19 工作室成员张伟琼老师点评课例

林玉莹工作室的邓老师也对两位老师教学的异同点进行了点评，她对两位老师生动的语言、精美的课件和精心的教学设计表示了肯定，同时也细心地提出了自己的见解与看法。两位区骨干老师结合自身教学的困惑——如何解读文本，如何有效落实读写结合，进行了交流分享，他们均指出这两节课使他们豁然开朗，明确了利用文本进行读写结合指导的几个策略（如图4-20、图4-21、图4-22）。

图4-20　林玉莹工作室成员邓老师点评课例

图4-21　听课老师点评课例

图4-22　听课老师点评课例

　　第三个环节，林玉莹老师以这两节课为例，做了《基于统编教材的读写结合思考》的专题讲座。林老师举了部编教材中一些教学实录的例子，分析从教学目的的角度以读促写，以写促读，以语用的理论视野看待"读写结合"。她还别开生面地让在场的老师们充当学生，亲身体验如何遵循学生的认知规律，促进读写的迁移。林老师的专题讲座给我们的教学方向亮起了一盏指路明灯（如图4-23、图4-24）。

图4-23　林玉莹老师讲座

图4-24 与会教师互动交流

第四个环节，从化区教研室马水莲主任用本次同课异构教研活动的两个关键词"同"和"异"对本次活动进行点评，引发老师们对读写结合的策略思考无限延伸（如图4-25）。

图4-25 马水莲主任点评课例

活动最后，由我进行总结发言，指出工作室是一个有专业引领，成员主动发展和同伴互助的团队，肯定了工作室成员的努力。同时，我对工作室的成员们寄予厚望：一枝独放不是春，百花齐放春满园。希望我们学习的步伐都不要停止，为自己的专业成长提速（如图4-26、图4-27）！

图4-26　我为活动做总结发言

图4-27　我（右七）与工作室成员合影

阅读点亮智慧　分享成就发展

——记广州市邱梦桦名师工作室成员读书交流会

　　阅读，是教师成长的平台，领悟名师智慧，促进专业成长，成就专业理想。

　　2019年3月，邱梦桦工作室的教师成员开展自主学习，这次学习对于我们不仅是一次教育教学专业的培训，更是一次思想上的洗礼、心灵的震撼和理念的革新。

图4-28　邱梦桦老师在自主阅读

　　邱梦桦老师：我阅读了管建刚老师《我的作文训练系统》这本书，明白了在以学生为主体的背景下，应该让作文成为学生生活的再现、心灵的倾诉和思维的外现，认识到作文并不只是作文课上的事，它应该是在一切的学习中适时指导的，指导的重心应该下移融合到我们的阅读教学中、生活实践里，甚至是虚拟空间的随心创作上。

图4-29　工作室成员刘慧玲老师在自主阅读

　　刘慧玲老师：最近，我阅读了曹利娟老师所写的《让语文课更有魅力》这本书。通过阅读，我的头脑中显现了好几个值得深思的问题：①在新课程背景下，我们究竟需要什么样的语文课堂？②语文课堂上五彩缤纷、沸沸扬扬的表象里，涵盖的究竟是什么？③学生在这样看似热闹的课堂上，学到的又是什么呢？曹利娟的这本书告诉了我，要让我们的语文课更有魅力，不外乎一要把语文课上成真正的朴实无华的课；二要重视朗读训练，特别是老师的范读；三要关注读与写的巧妙结合；四要不断锤炼个人教学基本功。打造"魅力"语文课堂是我们每个语文老师都应该努力的方向，我愿意为之而努力。

图4-30　工作室成员曾杜宇老师在自主阅读

曾杜宇老师：我阅读了《教师微型课题研究指南》。通过阅读这本著作，我知道了微型课题研究是我们一线教师对自身教育教学工作的总结与反思，是对教学实践中的困惑的追问，着眼于解决当前教学工作中具体的细节问题。试想，如果我们只管埋头拉车，不抬头看路，也不回头看，那我们的教学过程又怎么谈得上快乐与智慧并存呢？所以，教师要真正理解自己的教育行为，在为什么教、教什么、怎样教、教多少等问题上要做出明智的分析与决断。我们要用研究的眼光、研究的态度、研究的方式来从事教学工作，建立教、学、研、用一体化的工作生活方式，让教学实践与教育研究之间架起一道桥梁，才能真正成为一个有智慧的教师。微型课题的研究也许不一定会获得大成果、大进步，但只有通过研究，才能解决一个个影响我们教学和业务发展的细节问题，才能认清自我、完善工作，才能提升自我素质，成为一个学生心目中有大智慧的教者。

图4-31　工作室成员林榕梅老师在自主阅读

林榕梅老师：最近，我读了韩兴娥老师的《让孩子踏上阅读快车道》，我印象最深的一句话是"教育就是读书，读书就是教育"，从这句话中我深深体会到读书的重要性。得语文者得高考，得阅读者得语文！这句话已经成为社会的共识，但并不是所有的孩子都喜欢阅读，如何让孩子爱上阅读，这是关键。韩老师所做出的努力是令人敬佩的，她的做法也给了我很多启发，同时也认识到自己在阅读教学方面的不足，有布置就要有落实，这是我今后要努力做到的事情。

图4-32　工作室成员李艳芬老师在自主阅读

李艳芬老师：作为一线语文教师，我们都深知：阅读对于每个孩子的学习成长有着不可估量的作用，它将引领我们的孩子走向人生的另一个高度，因此我们都通过各种形式来引导孩子爱上阅读。但是在实际教学中，却往往事与愿违——学生并没有像我们料想中那样爱上阅读。近来，我拜读了蒋军晶老师的《和孩子聊书吧——让孩子爱上阅读》这本书，它让我懂得：让孩子爱上阅读，成为终身读者，并不简单，这需要技巧，需要诚心，更需要激情与坚持，让孩子们插上阅读的翅膀高飞。

图4-33　工作室成员李清老师在自主阅读

李清老师：最近读了温儒敏教授著的《温儒敏论语文教育》。本书明确地指出："语文课程是一门学习语言文字运用的综合性、实践性课程。义务教育阶段的语文课程，应当使学生初步学会运用祖国语言文字进行交流沟通，吸收古今中外优秀文化，提高思想文化修养，促进自身精神成长。"所谓工具性与人文性的统一，也就体现在这里。

读了这本书，我深深地觉得温儒敏教授说得很对，在语文教育的道路上，我们必须首先沉下心来，遵循语言文字的规律，符合各年段学生的认知特点，让语文教育贴地而行。语文教学只有把语言表达的训练和思维训练结合起来，才是正路。

图4-34　工作室成员张伟琼老师在自主阅读

张伟琼老师：最近，我读了几本教育著作。其中，《温儒敏论语文教育三集》对我的影响较大。全书由"课标与课改""教材编写""语文教学""研修文化"和"文学生活"等七个部分组成。与一般纯学术的理论著作不同，《温儒敏论语文教育三集》从现实出发，站在一线语文教师的角度思考问题，为当下中小学语文教育教学改革指明了方向，书中文章"大气"而又"接地气"。著作中提出语文的本质就是"多读书"，并反思了语文教学中的普遍模式，指明了"读书为要"的改革方向。从中让我感受到在语文学习中我们要鼓励学生多读课外书，提倡"海量阅读"，鼓励"连滚带爬"地读。学生一路读下来，似懂不懂读下来，慢慢就把书读得熟了，整个身心沉浸在阅读之中，文化感觉有了，语言的感觉也有了。

图4-35 工作室成员殷伟清老师在自主阅读

殷伟清老师：看了管老师《我的作文评改举隅》一书，管老师本着让学生主动地、愉快地学会作文，创造性地写好作文，享受作文的主旨，践行着作文教学。在认真看了管老师修改的作文后，才知道作文原来要这么改，尤其觉得教师评改要静心，要思前顾后。在评改作文时，要使文字前后相顾，风格要前后一致，还要注意段落的匀称、长句断短句、主语中置、句与句留空隙，等等。这些道理都是我以前没有关注到的。一份好的作文评改，不仅需要教师明白，作文可以怎么改，为什么这么改；学生也要从中有所感悟，作文可以怎么改，为什么这么改。在以后的创作中自己会给自己修饰，把文字变得干净、简洁、有力。

图4-36 工作室成员何榕海老师在自主阅读

何榕海老师：近段时间，跟孩子们共读了几本书，其中有一本意大利作家亚米契斯耗时10年创作完成的《爱的教育》最让孩子们感动。有一个孩子在文章中写下了这样的感悟："在这本书中，有一种表达方式令我深思，那就是严格。有多少人都是悄悄地用严格的方式表达对我们的爱呢？总有一些人——我们的父母、老师……他们严格要求我们，教我们做更真的人；他们严格要求我们，让我们成为更加优秀的好孩子。说到这里，我又想起了我的妈妈，她也总是让我多学少玩，督促我写作业，还陪我上很多兴趣班。以前我总觉得：学那么多有什么用，还不如让我多玩一下！现在我明白了，那声声带着殷切期望的叮嘱，那默默带着疲倦的陪伴，甚至那带着怒火、无奈的斥责，都是妈妈对我的爱！是妈妈严格的爱督促我、激励我变得更强，变得更优秀！所以，我现在十分感激妈妈对我的严格的爱。"

是的，每个人都被别人给予的"爱"所包围，同时每个人也会给予别人不同的爱，别人也会感到温暖，所以每个人都生活在无处不在的爱中，每个人都是幸运的。

作为教师的我们更要爱我们的事业，爱我们的学生。但是，爱不等同于溺爱、纵容。我们一定要严格要求我们的孩子，让孩子都知道严格也是一种爱的表达方式。

多读书，就会多一点儿自信；

多读书，就会多一点儿魅力；

多读书，就会多一点儿信仰；

多读书，就会多一点儿进步。

分享智慧阅读成果　碰撞智慧思维火花

——从化智慧型成长阅读项目工作推进研讨会

2019年春花烂漫的三月，温泉"6+2+n"调研暨从化智慧型成长阅读项目工作推进研讨会在美丽的温泉第一中心小学举行。出席本次会议的有广州市小学语文教研员及邱梦桦名师工作室专家顾问林玉莹老师，从化区小学语文教研员马水莲主任，新城小学、流溪小学、河滨小学和街口小学的智慧型成长阅读项目各负责人。

研讨会上，四所智慧型成长阅读项目推进优秀学校的各负责人畅所欲言、不吝分享阅读推进中所取得的硕果。林玉莹老师的点评激起了会场的高潮，林老师对四所学校的亮点给予了高度的赞扬，她说，从化各学校对阅读

图4-37　林玉莹老师小结智慧阅读开展情况

项目开展的重视和举办阅读相关的各式各样的活动已经走在了广州市的前面，并想把这些优秀的活动做法收集起来，向全市推广！林老师提出了几点：一是阅读很重要，要让阅读成为一种习惯。阅读不仅仅是语文老师的任务。要从思想上改变人的看法，意识到智慧阅读和传统阅读的区别。二是课改的方向和思路将会把现在的110所智慧型阅读学校扩大到500所学校。把前期总结的经验推广出去。三是基于阅读的小学语文课堂教学模式阅读的改革与创新。

　　林老师还带来了一节特别的课例，二年级的课文《小鹿的玫瑰花》，没有PPT，没有教材，简单的几句话却让会场交流气氛热烈起来，教师们踊跃发言！名师工作室主持人邱梦桦校长从核心素养的角度来谈《小鹿的玫瑰花》这节课所达成的目标，既有理论的高度又有实践的深度！

图4-38　我为课例《小鹿的玫瑰花》做点评

　　创新来源于生活，小疑则小进，大疑则大进。小学语文课堂阅读教学模式的改革与创新需要我们去研究和探讨！通过本次研讨会的交流，林老师对我们提出了几点殷切的希望：把课堂还给学生，在设计教学时要注意到教学目标要清晰；做好课程的设计；创设不同的情境，让学生参与到活动中去。从传统阅读转向智慧型阅读，一步步走出特色，走出专属于从化的特色的阅读教学，为孩子们积累最宝贵的精神财富！

图4-39　我（左四）与工作室成员合影

同课异构展理念　互动分享促提高

——广州市邱梦桦名教师工作室参加温泉"6+2+n"阅读力项目之同课异构教研活动

　　盎然的春意掠过，教研的脚步走来，姹紫嫣红的季节里弥漫着浓浓的教研味道。

　　2019年4月23日上午，广州市邱梦桦名教师工作室一行7人来到了从化区温泉镇第三中心小学，参加在这里举行的温泉"6+2+n"阅读力项目之同课异构教研活动。出席本次活动的还有广州市教研院林玉莹老师、城东教育指导中心黎榕燎老师、海珠区教育发展中心陈海燕副主任团队、广州市骆燕霞名师工作室团队，以及温泉镇部分学校教师共30多人。

图4-40　骆丽华老师执教课例《剃头大师》

　　活动分四个环节进行。首先是由温泉镇第三中心小学骆丽华老师为大家展示了一节精彩的课堂——《剃头大师》；其次是广州市海珠区南武小学黄颖林老师带来的一节灵动课堂——《剃头大师》；再次是听课老师们气氛热烈的评课环节；最后是广州市教研院林玉莹老师总结发言。

　　课堂伊始，骆丽华老师能紧紧抓住题眼指导学生把握全文，将"剃头大师"和"害人精"两个人物进行对比，使学生既理解了"剃头大师"一词的意思，又理解了"害人精"一词的意思。

　　黄颖林老师的课堂注重从文章的谋篇布局和文章语言方面引导学生感悟文章的同时，有意识地抓住人物特点挖深学生对句子的理解。尤其是童趣十足的文段，学生们通过各种形式的朗读，尽情地品味、感受，从而收到了良好的教学效果。

图4-41　黄颖林老师执教课例《剃头大师》

　　评课环节，听课老师们畅所欲言地进行交流。大家各抒己见，充分肯定了两堂课的优点，同时真诚地提出了自己的教学设想。最后是海珠区教育发展中心陈海燕副主任精彩的总结，她肯定了两位老师的优点，也提出其存在的缺点，并细致地分析了原因，给出了解决问题的方法。

图4-42　陈海燕副主任为课例做点评

广州市邱梦桦名教师工作室的曾杜宇老师在评课环节发表了自己的独特见解：温泉三小骆老师主要抓住本单元的语文要素——"运用多种方法理解难懂的句子"这个训练点在课堂上进行训练。学生通过练习掌握了通过抓关键词、联系上下文和联系生活实际理解难懂的句子。学生获得方法后再迁移运用。可以说是教学得法，训练切实。南武小学黄老师的课则体现了从记忆、理解、分析、综合评价等方面训练呈梯度上升，层层推进。学生的阅读力得到不同层次的训练和发展。

图4-43　工作室成员曾杜宇老师为课例做点评

广州市邱梦桦名教师工作室的刘慧玲老师也在评课环节踊跃发言：骆老师的课堂关注了方法的渗透，但忽视了学生的独特感受，在读悟、悟读的结合方面有待加强。黄老师的课堂收放自如，但分析上有些琐碎，对某些内容应根据其主次之分而有所取舍。

活动最后，广州市教研院的林玉莹老师肯定了我们区的语文教育能准确地把握课改的大方向，把课堂交还给学生，让老师教学生变成引导孩子们。她提出：只有我们把课堂交还给学生，把一切的出发点以学生为落脚点，学生的学业才有可能提高。同时，林老师也对我们提出了两个希望：一是一定要加强朗读训练，朗读是最低廉又最有效的教学手段，老师们一定要注重学生的朗读训练，让孩子们的读书就像说话一样自然。二是更多地研究学生是怎样学习的，这就要求老师们要精心地设计学生的学习过程，遵循学生的阅读能力由低到高发展的规律，重点关注四人小组的交流学习，把对中下生的辅导切切实实地回归到课堂上。

图4-44 林玉莹老师做总结发言

图4-45 我（第一排右一）与参会人员合影

　　活动结束后，老师们带着教研的收获走在春末的季节里，高品质课堂永远是我们的追求，我们定会以一颗沸腾的心耕耘教育的热土，以一颗严谨踏实的心叩问教育之道！

聚焦习作单元　实现得言得法

——广州市邱梦桦名教师工作室与广州市江红梅名教师工作室课例研讨活动

　　为进一步提升教师对部编版语文教材习作单元的文本解读能力，发挥教材的读写功能，提升学生的写作能力，2019年10月31日，从化区教师发展中心小学语文科联同广州市邱梦桦名教师工作室和广州市江红梅名教师工作室在从化区雅居乐小学举办了"聚焦习作单元，实现得言得法"三年级课例研讨活动。

　　本次活动由广州市邱梦桦名教师工作室成员、从化区城郊街北星小学曾杜宇主任主持。

图4-46　工作室成员曾杜宇老师主持活动

图4-47　活动现场

　　广州市名教师工作室主持人、从化希贤小学邱梦桦副校长以"目标定位"为题，从习作单元精读课文的基本定位出发，强调了"仔细观察"对于学生表达真情实感的重要性。邱梦桦老师指出《搭船的鸟》和《金色的草地》两节课的目标由"初步体会"到"体会"，是有所提升的，教师应当注意其中的梯度性。与学习观察的具体方法或技巧相比，唤醒、激发学生在精读课文的学习中感受作者细致的观察，切身体会到留心观察的好处，才能够推动学生在今后的生活中展开持续的观察，逐步养成观察的习惯。

图4-48　邱梦桦老师为与会教师做讲座（1）

图4-49　邱梦桦老师为与会教师做讲座（2）

　　《金色的草地》由广州市邱梦桦名教师工作室成员、从化区雅居乐小学肖俊老师执教。肖老师运用"爱种子"实验项目，让课堂成为学生展示自我的舞台。肖老师的课堂以活动的形式呈现，将小组讨论贯穿始终。学生通过自主学习和小组讨论等多种方式相结合感受作者的细致观察，学会作者观察的方法并运用于生活中，做生活中的有心人。

图4-50　工作室成员肖俊老师执教课例《金色的草地》（1）

图4-51　工作室成员肖俊老师执教课例《金色的草地》（2）

　　《搭船的鸟》由广州市江红梅名教师工作室成员、海珠区宝玉直小学曹健霞老师执教。曹老师的课堂是生动快乐的课堂，学生的心灵得以放飞，课堂真真切切。曹老师带着学生一起从作者的视角体会观察的方法，体会翠鸟的美丽，展现了一堂充满活力的语文课。

图4-52　广州市江红梅名教师工作室成员曹健霞老师执教课例《搭船的鸟》（1）

图4-53 广州市江红梅名教师工作室成员曹健霞老师执教课例《搭船的鸟》（2）

广州市江红梅名教师工作室成员赵雯静老师对本次的课例进行了点评。赵雯静老师指出，在课例《金色的草地》中，肖俊老师通过指导学生开展小组合作，提高了学生的团队合作与思考探究能力。而在课例《搭船的鸟》中，曹健霞老师注重培养学生提取关键词的能力，使教学层层推进，环环相扣。

图4-54 广州市江红梅名教师工作室成员赵雯静老师点评课例

广州市邱梦桦名教师工作室成员刘慧玲副校长对本次课例进行了点评。刘慧玲老师肯定了肖俊老师在课例《金色的草地》中对"爱种子"实验项目的有意识运用，并对肖俊老师课堂上的互动探究课型表示了赞赏。此外，刘慧玲老师指出，曹健霞老师的课例《搭船的鸟》教学线索清晰，注重培养学生学以致用的能力，实属语文教学中的典范。

图4-55　工作室成员刘慧玲老师点评课例

广州市名教师工作室主持人、广州市天河区天府路小学江红梅老师为大家带来讲座《小学作文教学的困境与出路》。讲座分为"作文教学的怪现象、怪现象的背后、写是一种什么能力、写作的出路在哪里"四个部分。针对语文习作教学中普遍存在的"无教材、无标准、无指导方法"等问题，江红梅老师提出了"利用部编版教材"的方法，鼓励教师发挥好文本的读写价值，从而引导学生描绘生活，表达情感。除此以外，江红梅老师提出教师应该研究写作要素的序列，并对学生的写作进行详细的指导和讲评。

参与优课展示的两位老师以其深厚的教学功底、灵动的教学机智给课堂带来许多无法预设的精彩，令听课教师耳目一新，深受启发。

图4-56　广州市名教师工作室主持人江红梅老师做讲座（1）

图4-57 广州市名教师工作室主持人江红梅老师做讲座（2）

在以"课例+讲座"的精品资源习作单元的研讨活动中，老师们共研共学，营造了合作与对话学习磁场，在这个磁场中大家改变着、成长着，愿研讨成为我们美丽的开始……

图4-58 工作室成员合影

图4-59 参会人员合影

实践跨学科教学　推进新课改发展

——广州市钟海英、骆艳霞、钟燕霞、邱梦桦、张嘉敏名师工作室赴成都研修简报

月晓已开花市合，

江平偏见竹簰多。

好教载取芳菲树，

剩照岷天瑟瑟波。

——《成都》唐·萧遘

伴随着新课程改革，在"核心素养"背景下，教师如何从"学科教学"转向"学科教育"？如何以责任、理念、方法和激情锻造自己的教学风格与教育魅力？如何在成就学生的同时获得自我专业成长？为此，在广州市钟海英、骆艳霞、钟燕霞、邱梦桦、张嘉敏等五个名师工作室的带领下，我们参加了在成都举行的"核心素养下的名师工作室（教学团队）跨学科教学教研与课堂展示研讨会"。

图4-60　各研修工作室合影

2019年12月16日清晨，成都的天空还是灰蒙蒙的，路边随处可见的银杏树却特别引人注目，树上金黄的叶子随风飘落，像一只只黄蝴蝶，落在地上，落在行人的身上，让人禁不住赞叹成都初冬的美，我们怀着愉悦的心情继续着蓉城的学习之旅。

上午，我们有幸聆听了江苏省特级教师、教科院副院长赵宪宇为我们做《跨学科教学的思考与实践》的讲座。赵院长才情横溢、风趣幽默，听他的讲座真是一种享受（如图4-61、图4-62、图4-63）。

一开讲，赵院长就给我们分享了一个有趣的故事——《无锡，有一个世界级的语文老师》（跨学科的典范）。这是一个关于我国宋代著名诗词作家苏东坡的故事。这个故事让我们认识到苏东坡虽不是一个纯粹意义上的语文老师，

图4-61　赵宪宇副院长做讲座（1）

但他的核心素养和综合素养，正是我们各位同行所需要的。

接着赵院长分别从以下四个方面对"跨学科"进行了讲解：①哪些是跨学科；②几种跨学科教学方式；③几种教学评审的分析；④跨学科的认知切入。让我们知道了综合课程、相关课程、融合课程、核心课程等"跨学科"课程，项目化学习、综合实践活动、STEM课程等跨学科的教学方式，告诉我们国家基础教育教学成果代表了国家教育教学改革最前沿的成果，教育理解替代了教学理解，教学形式限制了教学理解，教育理论压制了教学理解。

"平地自有风雷，小池也有激荡。"三个小时的时间就在赵院长犀利幽默的语言、旁征博引的例谈中悄然流逝，却留给我们对跨学科教学的深深思考和久久回味！

图4-62 赵宪宇副院长做讲座（2）

图4-63 赵宪宇副院长做讲座（3）

最后，赵院长以杂文诗《李白有多白》让我们重新认识了李白，增进了对"跨学科"的理解。

赵院长丰富的文学底蕴、跳跃发散的思维、睿智丰富的语言、新颖独特的视角、幽默风趣的演讲，让我们为之折服，并让我们在轻松愉悦的学习过程中，引发了对跨学科教学的深层思考（如图4-64）。

下午，我们在各工作室活动主持人的带领下进行了热烈的交流讨论。大家畅所欲言，交流自己对跨学科教学的思考和理解。

图4-64 各工作室交流讨论

"学问勤中得，萤窗万卷书。三冬今足用，谁笑腹空虚。"通过今天的研讨学习，我们都收获满满。今后我们愿做一颗"跨学科"的种子，把成都之学落地生根，在教学实践中努力培养学生的核心素养（如图4-65）。

图4-65　我（第一排右五）与参会人员合影

解读统编教材 改革课堂教学

——2019学年统编小学语文六年级教材培训

秋风送爽，瓜果飘香的九月，我们迎来了新学期，踏上了统编教材全面启用的新征程。为了让老师们进一步了解统编教材的特点，更有效地使用统编教材，2019年9月12日下午，从化区教师发展中心小学语文科在流溪小学开展了"小学语文六年级统编教材培训及课例展示"的培训活动。各镇街语文业务干部及全区六年级语文教师参加了本次培训（如图4-66）。

图4-66 活动现场

邱梦桦副校长做了《统编小学语文六年级教科书编排思路与教学建议》讲座（如图4-67、图4-68）。她从教材的结构体系、编排特点、目标解读、教学建议四个方面进行剖析。由统编六年级上册教材的单元内部结构出发，对教材的"导语、课文、口语交际、习作、语文园地、快乐读书吧"这些板块进行了解读，重点从阅读策略、习作指导及教学目标设定等方面引导教师们如何有效地使用六年级上册教材，通过不同的教学方法，提高学生的语文素养。

图4-67 邱梦桦老师为与会人员做讲座（1）

图4-68 邱梦桦老师为与会人员做讲座（2）

　　培训的最后，由区教师发展中心小学语文科教研员马水莲老师对统编语文教材进行总概述。马老师和与会教师进行了互动交流，教师们畅谈了参加本次活动的收获，并提出了自己的困惑。马老师引导教师们从"爱种子"的教学模式出发，使用好"爱种子"的导学案与资源，明确了课堂上"备、讲、练、辅"四个任务的要求，建议教师们用五步学习法和七字诀落实课堂教学任务。通过马老师对"爱种子"教学模式的介绍，与会教师更加深刻地理解了学生自主、合作、互动探究学习能力的重要性，同时意识到用好统编教材，改革课堂教学的重要意义。

强化语言训练　习得语言技巧

——邱梦桦指导从化区小学语文新教师朗读培训

　　2019年3月1日，从化区小学语文新教师培训活动在流溪小学开展。语言是心灵和文化教养的反映，而朗读往往是非常好的呈现。对于小学语文老师来说，朗读很重要，广州市名教师工作室主持人邱梦桦副校长为我们带来了一节十分精彩的朗读培训课，给教师们带来了很多的朗读技巧，教师们也听得津津有味。

图4-69　邱梦桦老师为与会人员做讲座

　　看！每个教师的嘴唇都动起来了，在练习唇部操，让我们的唇部更加灵活，帮助我们发音更准确，更饱满。教师们在练习活动中非常活跃，很多教师都勇敢尝试，大方示范。

放松了唇部，当然少不了一起试试效果，于是教师们开始了《小了白了兔》的练习，一个个认真的眼神，一个个不断地挑战，真让人感动。

图4-70　邱梦桦老师（右一）与教师互动交流

朗读前的气息练习是必不可少的，雅居乐小学的李苑翠老师和街口街中心小学的毛冠丹老师为我们示范了如何吸气呼气。

图4-71　邱梦桦老师（右一）为教师做示范

看！大家一个个精神抖擞，认真练习的样子是不是很可爱？

图4-72　邱梦桦老师（前一）与教师互动交流

图4-73　教师互动交流

气息练好了，如何用气呢？我为教师们准备了一个耳熟能详的绕口令《数枣》。大家在下面练习一番后，教师们纷纷举起手来大胆尝试，展现自己的风采。

图4-74　邱梦桦老师（前一）与教师互动交流

图4-75　参训教师展示学习成果（1）

图4-76 参训教师展示学习成果（2）

《数枣》练习的是气息的运用，那这个《胖娃娃抓蛤蟆》练习的就是气息加唇部灵活度，教师们在这么有趣而又欢乐的绕口令练习中学习到了朗读技巧，真是学中乐，乐中学啊！

图4-77 参训教师展示学习成果（3）

最后，我提出了三个朗读的层次，准确—流畅—传情。以《雪地里的小画家》为例，七位教师带我们看了七场雪，看到了不同性格的小画家，看到了不同的景色，真是让人意犹未尽。

聚焦"爱种子"课堂　送教共研促成长

——记广州市邱梦桦名教师工作室送教活动

　　温暖阳光，温情深秋。为了充分发挥名教师工作室的示范、引领、辐射作用，提升名教师工作室成员的课堂教学水平，促进成员教师教学上互相交流和同步发展，2020年11月3日，广州市邱梦桦名教师工作室全体成员和部分网络学员到从化区鳌头镇中心小学进行送教交流活动。正逢鳌头镇中心小学开展主题为"聚焦'爱种子'课堂，追求有效教学"教学模式开放展示活动，工作室成员和鳌头镇各校语文教师进行了研讨交流，共研成长。

图4-78　工作室成员合影

　　本次送教活动围绕"聚焦'爱种子'课堂，追求有效教学"教学课堂展开，分为观摩、研讨和讲座三个环节。

一、课例观摩

　　精彩的课堂让人豁然开朗，如沐春风。鳌头镇中心小学的刘春花老师向我们展示了"爱种子"自主学习课例《坐井观天》。"授人以鱼，不如授之以渔。"刘老师很善于教会学生学习的方法，利用思维导图识记字，通过游戏识字等，让学生在这节课中学有所得。

图4-79　刘春花老师执教"爱种子"课例《坐井观天》

　　工作室成员、鳌头镇中心小学的林榕梅副校长为我们展示了"爱种子"互动探究课例《桥》。林校长的课堂充分体现以学生为主体，以教师为主导。她富有感染力的教学语言，娴熟的课堂调控能力，让学生在自主合作学习中感受到了老支书的光辉形象。

图4-80　工作室成员林榕梅老师执教"爱种子"课例《桥》

工作室成员、从化希贤小学殷伟清老师执教了课例《伯牙鼓琴》。殷老师的课堂体现了从教教材转向用教材教，从教课文转向教阅读的理念，教会学生学习文言文。殷老师还注重教学的梯度性，她结合教学内容为学生架设阶梯，扶放有序，步骤非常清晰。

图4-81　工作室成员殷伟清老师执教"爱种子"课例《伯牙鼓琴》

二、互动评课

课后，三位执教教师对自己的课例进行说课，阐述自己的备课思路和设计意图。

各工作室成员积极踊跃地发表自己对课例的体会和收获。

图4-82　工作室成员殷伟清老师对执教的"爱种子"课例《伯牙鼓琴》进行说课

图4-83 工作室成员张伟琼老师评课

图4-84 工作室成员李艳芬老师评课

评课环节的最后，工作室主持人邱梦桦导师就这三节展示课畅谈自己的看法，对"爱种子"互动探究课例《桥》进行了细致的点评。

图4-85 邱梦桦导师对课例《桥》进行点评

三、专题讲座

随后，工作室主持人、从化希贤小学邱梦桦副校长为我们做《小学语文项目式阅读活动的设计与实施策略》的专题讲座。邱副校长梳理活动过程，提炼出项目式阅读活动的四个特点。她还结合项目式学习理念，整合阅读活动的过程，制定"小学语文项目式阅读活动"的六个阶段，为阅读活动搭建了支架。

图4-86　邱梦桦副校长给与会人员进行讲座（1）

图4-87　邱梦桦副校长给与会人员进行讲座（2）

图4-88　邱梦桦副校长给与会人员进行讲座（3）

四、结语

开放日展示活动在热烈的掌声中落下了帷幕。教师们满怀对语文教学的思考与收获离开会场。相信通过这次送教活动，我们工作室的每一位老师都会学有所得，收获满满。

图4-89　工作室成员合影